Leonhard Lidel

Alte Augsburger Spezialitäten

Gondrom

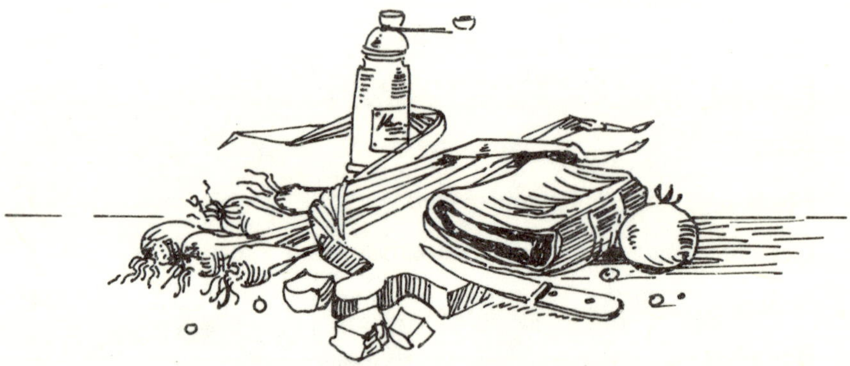

Fotos: Richter & Fink, Augsburg

Food-Styling: Leonhard Lidel und Vera Gräfin Finck von Finckenstein

Illustrationen: Artur Steck

Vordere Umschlagseite: Perna (Rezept Seite 80)
Hintere Umschlagseite: Rinderhochrippe im Salzmantel (Rezept Seite 79), serviert in der Welser-Kuche im Stiermannhaus in Augsburg, Maxstraße. Die Personen tragen alte Augsburger Nobel- und Handwerkstracht.

ISBN 3-8112-0779-2 – 1. Auflage 1991

Umschlaggestaltung: Karin Roder
Satz: Fotosatz Knab, Lintach
Gesamtherstellung: Wiener Verlag, Himberg
Printed in Austria

Inhalt

A' glischtiger Augschburger Schwoab

Wear scha d'zmorga schtatt d'r Mill
Imm'r bloß an guata Kaffee will
Ound hot gar au no an Gluscht
Noch Honig, Oier, Käs und Wurscht
So deicht mi, denk i, sags i groat
So oiner moin i, isch a glischt'ger Schwoab.

Ound wear d'Nas in alle Häfa schteckt
Aus alle Tiegl, Kärla, Schissla schleckt
d'rbei d'Zunga schnalzt und d'Auga rollt
Emmer bloß vom Allerbeschta wollt
Ja beim Essa leit koi bissle Noat
Ischt bei uns a recht g'schleckat'r Schwoab.

Dear dr'zua d's Aubad's nauch'm Beatgeleit
No rumschiaglat noch de junge Weiberleit
Rumschmusat, schluzat do und dett
V'rgiaßt d'rbei sogar auf's oigne Bett
So oiner, moin i fascht, i gloab,
A sodenner isch a echter, glischtiger,
Augschburger Schwoab.

Au a Soddiger!

Vorwort

Da jede Küche von der wirtschaftlichen Entwicklung, vom Wohlstand wie auch von den kulturellen Impulsen ihrer Gesellschaft geprägt wird, bietet gerade die zweitausendjährige Augsburger Küche durch all die vielen unterschiedlichen Einflüsse, denen sie in dieser langen Zeit ausgesetzt war, ein interessantes Bild. Darüber hinaus ist sie ein unverzichtbarer Teil unserer Stadtgeschichte.

Zuerst waren es die Kelten, dann die Römer, die ihre Eßgewohnheiten zurückließen. Anschließend kamen die Alemannen, im 5. Jahrhundert die Sveben mit ihren Herrschern. Vor allem aber waren es ab dem 9. Jahrhundert die Frühklöster, die die Augsburger Küche maßgeblich beeinflußten.

Im 15. Jahrhundert griff dann der aufkommende Wohlstand der reichsstädtischen Patrizier in die Speichen der Augsburger Küchenentwicklung. Sie bezogen die aus allen Teilen der Welt ankommenden neuen Lebens- und Würzmittel in ihre Küchen mit ein, wodurch die Menüs in diesen Häusern nach den uns vorliegenden Schriften und Kochbüchern ein beachtliches Niveau erreichten. Daneben gab es aber auch Bürger, die mit ihrer angeborenen schwäbischen Sparsamkeit die Mäuse im Brotkasten weinen ließen. Sie hielten sich an den Spruch ihrer Väter:

„'s Maul isch bloß a kloina Lucka,
ka aber leicht Haus und Hof verschlucka!"

Natürlich gab es aber auch viele Menschen innerhalb der Mauern der damals so glorreichen, goldenen, freien Reichsstadt Augsburg, die auf Grund ihrer sozialen Stellung ganz einfach Zurückhaltung üben mußten.

So etablierte sich in Augsburg eine für damalige Verhältnisse reichhaltige Patrizierküche. Aus den beiden anderen Gruppen entstand allmählich die gutbürgerliche Augsburger Küche. Meine Vorarbeit zu diesem Buch erfaßte den küchentechnischen, geschichtlichen und politischen Hintergrund. Grundlagen dieser Untersuchungen waren die in Augsburg leider sehr spärlichen archäologischen Ausgrabungsergebnisse sowie alte Schriften, Vermächtnisse, Abrechnungen und Präkanien verschiedener Epochen. Die Ergebnisse dieser Untersuchungen wurden auch anhand eigener Erinnerungen auf ihre Plausibilität hin überprüft. Natürlich kann diese Darstellung in Kurzform nur Stückwerk sein und erhebt deshalb auch keinen Anspruch auf Vollständigkeit.

Freilich gibt es weit mehr typische Augsburger Gerichte, als hier aufgeführt werden können. So habe ich aus der großen Palette Augsburger Küchenrezepte meist unbekannte, aber doch nachahmenswerte Rezepte ausgewählt, die auch unserem heutigen, verwöhnten Gaumen gerecht werden.

Da in Augsburg, im Herzen Schwabens, natürlich immer schwäbisch gekocht wurde, gehören auch viele der Rezepte aus dem von mir mitverfaßten Buch „D' schwäbisch Kuche"

(Allgäuer Zeitungsverlag Kempten) zu den Augsburger Spezialitäten, weswegen sie hier nicht nochmals erfaßt wurden.
Wenn in diesem Buch Rezeptüberschriften mit unterschiedlicher Rechtschreibung vorkommen, so ist dies auf die originalgetreue Wiedergabe der damaligen Bezeichnungen aus verschiedenen Epochen zurückzuführen. Da zu verschiedenen Zeiten verschiedenes Deutsch gesprochen wurde, ändert sich eben die eine oder andere Bezeichnung oder deren Schreibung.
Alle angegebenen Mengen sind, wenn nicht anders vermerkt, für 4 Personen berechnet. Selbstverständlich kann und darf man mit den heutigen, hervorragenden Würzmitteln all diesen alten Speisen noch ein Quentchen mehr an Feinheit und Wohlgeschmack abzuringen versuchen. Ebenso verhält es sich mit dem damals in Augsburg zu allen Speisen verwendeten „Mehlzwerele“, mit dem Suppen, Soßen, Gemüse, Fleisch- und auch Fischspeisen eingedickt wurden. Heute verwendet man, wenn überhaupt, dazu viel besser eine Mehlbutter oder die industriell gefertigten Produkte.
Probieren Sie diese alten Augsburger Spezialitätenrezepte, das herausragende Ergebnis einer zweitausendjährigen Küche, das großartige Erbe vieler kreativer schwäbischer Köchinnen und Köche, die diese Küche schufen, welche sich nicht nur bei uns, sondern auch in anderen Gegenden großer Beliebtheit erfreut.

Leo Lidel

Zweitausend Jahre Augsburger Küche

Als die römischen Legionäre mit ihren Auxiliarreitern, Schleuderern und Bogenschützen auf dem Sommerfeldzug 15. v. Chr. in das Mündungsgebiet der Wertach vordrangen, trugen sicherlich auch sie, wie es bei den römischen Truppen üblich war, die tägliche Getreideration in kleinen, zumeist an den Lanzenspitzen hängenden Kornsäckchen mit sich. Daraus fertigten sie einen Brei, weswegen sie bei den keltischen Vindelikern, die entlang des Lechs lebten, bald als Breifresser verspottet wurden. Dazu erhielten die Soldaten Hülsenfrüchte, Brot (panis militaris), Parmesankäse, Knoblauch und dazu täglich auch etwas Salz, das Teil ihres Soldes war. Gegen den Durst gab es Essig mit Wasser vermischt. Die Offiziere dürften allerdings mehr dem Wein und römischen Bier zugesprochen haben. Die Legionäre aßen zweimal am Tag und mußten das Essen vor der Fahne stehend einnehmen. So lebten die Gründer Augsburgs anfänglich spartanisch einfach, obgleich zu dieser Zeit in Rom selbst sicherlich mehr als fürstlich getafelt wurde.
Die Köche in Rom, die „coctores", die besser bezahlt wurden als Wissenschaftler, kreierten schon vor der Zeitwende aus allen möglichen Fleischsorten, aus Wild, Geflügel, aus den Früchten des Meeres und der Gewässer, dazu aus Gemüse, Obst und Käse die feinsten, erlesensten Speisen. Zu dieser Zeit gab es in Rom bereits über 200 Bäckereien, in denen die Bäcker, „pistor" genannt, mit Knethandschuhen und Atemmasken ausgestattet, aus Hafer, Gerste, Dinkel, Weizen und Roggen mit Fenchel und Selleriesamen, Mohn, Sesam, Anis und Sonnenblumenkernen vielerlei Arten gesäuertes und ungesäuertes Brot buken. Dazu stellten die Kuchenbäcker, die „placentarii", feines Süßgebäck und die Milchgebäckhersteller, die „lactarii", allerlei Milchbrote her. Diese und vor allem die folgende Zeit geißelte der römische Philosoph „Lucius Annaeus Seneca", der Lehrer und anfängliche Günstling Neros, indem er über seine römischen Mitbürger schrieb: „Sie essen, um zu speien, und sie speien, um zu essen!"
Wesentlich einfacher und primitiver lebten dagegen im heutigen Augsburger Raum entlang des Lechs die keltischen Vindeliker. Sie ernährten sich von Fisch, Fleisch, Wild, Geflügel, geronnener Milch und wilden Früchten, alles nahezu ohne Zubereitung. Der römische Geschichtsschreiber Tacitus berichtet in seiner „Germania", daß sie über offenem Feuer in Kesseln kochten, das Fleisch am Spieß hängend brieten und das Essen löwenhaft verschlängen.
Die Kelten bauten auch kaum Getreide an, weil sie glaubten, in den Kornfeldern würden Zauberer und böse Geister hausen. Gemüse war ihnen, bis auf Blau- und Weißkohl und einige andere Wildwuchssorten, unbekannt. So nahm die Augsburger Küche vor 2000 Jahren einen äußerst bescheidenen Anfang.
Unter diesen Umständen waren die römischen Invasoren zunächst gänzlich auf den eigenen Nachschub angewiesen und beförderten ihre Güter auf den bei Füssen eingesetzten Flößen in 24 Stunden nach „Augusta Vindelicum". Als in den Jahren 46/47 n. Chr. zur Entlastung

dieser Wasserstraße die „Via Claudia“ gebaut wurde, war endlich die Versorgung mit Kriegs- und Gebrauchsgütern sowie mit Lebensmitteln sichergestellt. So kamen erstmals die bis dahin in der Siedlung „Augusta Vindelicum“ völlig unbekannten Lebensmittel wie Zwiebeln, Knoblauch, Kerbel, Ingwer, Nelken, Lorbeer, Oliven, Baumöl, Liquamen, getrocknete Seefische und auch ausreichend Getreide an.
Wenn die bis heute leider noch spärlichen Ausgrabungsergebnisse im Augsburger Raum auch nur einen fragmentarischen Einblick gewähren, so ist es doch naheliegend, daß, dem Bedarf folgend, sich hier schnell Bauern, Handwerker und Händler niederließen, zumal der wirtschaftliche Aufschwung von der römischen Zivilverwaltung zur Entlastung der aufwendigen Selbstversorgung zielstrebig gefördert wurde.
Als Kaiser Claudius zwischen 41 und 54 n. Chr. diese schnell gewachsene Siedlung zur Provinzhauptstadt Rätiens ernannte und ihr den Namen „Augusta Vindelicorum“ gab, verfügten die Römer in ihren Holzbauten innerhalb der Stadt bereits über fortschrittliche Küchen mit doppelwandigen Herden und Backöfen, dazu über verschiedene Küchengeräte aus Bronze. Zur Warmhaltung der Speisen verwendeten sie „Thermospodii“ aus Bronze oder Ton, in denen das Wärmefach zwischen den seitlichen, von unten beheizten Doppelwänden lag. Höhere Beamte und Offiziere der Besatzungsmacht hielten sich sogar eigene römische Köche. Diese würzten die Speisen mit vielerlei Kräutern, dem teuren, durch Meerwasserverdunstung gewonnenen Salz, mit dem nicht weniger teuren Pfeffer, mit Honig und der aus den Städten Pompeji und Leptis-Magna kommenden Fischsoße „Liquamen“. Das Gemüse kochten sie zur Erhaltung der grünen Naturfarbe übrigens mit Natron. Natürlich lebten die übrigen Einwohner von „Augusta Vindelicorum“ weit bescheidener, aber doch besser als vor der römischen Besatzung.
Mit der zunehmenden politischen Instabilität des römischen Reiches war auch „Augusta Vindelicorum“, besonders in der Zeit von 260–275 n. Chr., den ständig vordringenden Alemannen ausgesetzt, was zur Landflucht führte und die Getreideversorgung aus den römischen Gütern rings um „Augusta Vindelicorum“ ziemlich erschwerte.
Die alemannischen Barbaren erschlugen bei ihren zahlreichen Überfällen nicht nur die Römer, sondern auch deren Haus- und Dienstpersonal und die Kelten. In ihrer Zerstörungswut vernichteten sie die Häuser mit all den fortschrittlichen Kücheneinrichtungen. Sie hinterließen blutige Spuren, Schutt und Asche. Schon bald wußte man nichts mehr von der hohen Kunst der „Coctores“, von den römischen Herden, Backöfen und „Thermospodii“.
Als die Sveben im 5. Jahrhundert, aus dem Elbland kommend, sich in „Augusta Vindelicorum“ niederließen, garte man in dieser Stadt, wie Jahrhunderte zuvor, wieder über offenem Feuer. Ein Brauch, der sich dann in der Folgezeit bis über das Mittelalter hinaus hielt.
Da der Getreideanbau infolge der kriegerischen Auseinandersetzungen stark zurückging, wurden Dinkel, auch Fesen genannt, wie auch Hirse und Hafer sehr rar. Deshalb ernährten sich die germanischen Stammesväter der Hauptstadt Rätiens hauptsächlich von Fleisch, Milch, Geflügel, Fischen und Wildfrüchten, die sie mit Wasser, Milch oder Eiern zu ragoutartigen Gerichten verarbeiteten.

Salz und Pfeffer standen wegen des hohen Preises nicht zur Verfügung, Kräuter oder sonstige Aromatisierungsmittel waren kaum bekannt. Schon bald waren jedoch die Viehherden durch den hohen Fleischverzehr stark dezimiert, so daß die Fürsten handeln mußten. Zunächst wurde es untersagt, Tiere zu schlachten, die noch keinen Nachwuchs hatten. Als die erhoffte Wirkung ausblieb, durfte wöchentlich nur noch einmal Fleisch gegessen werden. Auch die Schafe wurden geschont, insbesondere weil ihre Wolle, neben Flachs, Hanf und wildem Honig, ein begehrter Tauschartikel war.
Diese Entwicklung, wie auch die nachlassenden kriegerischen Auseinandersetzungen im 7. Jahrhundert, förderte wiederum den Getreideanbau. In dieser Zeit dürfte die Mehltruhe ihren Einzug gehalten haben und wurde zum Quell des täglichen Kraftschöpfens. Statt Ragouts wurden nun aus Mehl, Wasser, Milch, Schlotter (gestockte Milch), Butter und Eiern Suppen, Schmalzgebackenes und mit wildem Honig gesüßte Breie hergestellt.
Zur Herstellung der Fladenbrote goß man einen Brei aus Mehl, Wasser oder Milch auf heiße Steinplatten oder in die Asche. Sobald diese Brote erkalteten, wurden sie hart und konnten nur noch in Milch, Suppe oder in Breie getaucht verspeist werden. Da es noch keine Teller gab, verwendete man diese harten Brote vielfach als Speisenunterlage. In vornehmen Häusern wurden diese „Tellerbrote“ nach dem Essen in die Armenschüssel gegeben.
Gemüse, das noch immer nur aus Kraut und Rüben bestand, wurde wegen des Mehltaus und der drohenden Blähungen gemieden. Dazu war man der Meinung, es fördere die Melancholie. Auch der Anbau von Obst wurde kaum betrieben.
Als Getränk ließen die Sveben 2 Teile Wasser mit 1 Teil wildem Honig aufkochen und vergären. Dies war der Vorläufer des späteren, weit verbesserten Met. Sie brauten aber auch schon eine Art Bier, indem sie Dinkel, später auch Gerste, im Wasser aufkochten und den Sud, mit Honig, Wacholder, Baumrinden und Pilzen versetzt, gären ließen. Gegessen wurde nur mit dem Messer, Löffel und Gabeln gab es noch lange nicht.
Obwohl im Jahre 736 in Geisenfeld, am Rande der Hallertau, erstmals Hopfen geerntet wurde, gingen die Brauer erst weit später dazu über, ihr Bier mit Hopfen zu bittern. Karolingische Amtsträger hatten am Ende des 8. Jahrhunderts erstmals darüber zu wachen, daß das Bier ohne die althergebrachten Zusätze gebraut wurde. Allerdings bevorzugten die Stadtbewohner bis ins 11. Jahrhundert Met, den sie seit dem 8. Jahrhundert mit Zimt und Nelken verbesserten, mit Hopfen leicht bitterten und mit Weinhefe, auch Hefestamm genannt, vergären ließen. Schließlich war der Met nach der germanischen Mythologie ja auch der Trank der Götter und Helden in Walhall.
Durch die „Capitulare de villis“ (Pflanzanweisung von Karl dem Großen, aus dem Jahre 794) aufgefordert, wurden im Stadt- und auch im Randbereich der Provinzhauptstadt erstmals Lattich, Lauch, Endivien, Kresse, Kerbel, Petersilie, weiße Rüben, Schalotten, Zwiebel und Knoblauch angebaut.
Aus dem 8. Jahrhundert wird auch schon von einfacher, bäuerlicher Käseherstellung berichtet. Es handelte sich um nach gallischen Rezepten mit Lab gesäuerte Quark-Weichkäse aus Rinder-, Schafs- und Ziegenmilch.

Man gab Lab in die frische Milch und erhitzte sie auf 28°–30°, wodurch sie zu gären begann. Nach dem Durchrühren mit der Harfe wurde die Käsemasse nochmals erwärmt, damit die Molke schnell ablief. Bis 1945 wurde mit dieser Molke, dem sogenannten Käswasser, das Vieh getränkt. Da aus Kostengründen das erforderliche vierfache Salzen der Käsestücke unterblieb, waren diese meist kleinen Käse jedoch nicht lange haltbar.
Nachdem sich ab dem 9. Jahrhundert die Klöster, im schwäbischen Bereich die Frühklöster Reichenau, Ottobeuren, Füssen und Kempten, zu wahren Zentren der Wissenschaft, Wirtschaft und Kultur entwickelten, kam es in ganz Schwaben und somit natürlich auch in der Provinzhauptstadt „Augusta Vindelicorum" zu einem enormen Aufschwung in allen Lebensbereichen.
Mit Entwicklungsreihen und Zuchtversuchen kümmerten sich die Mönche um die Verbesserung der Vieh-, Fisch- und Bienenzucht, wie auch um den Gemüse- und Obstanbau. So entstand mit Dill, Fenchel, Kerbel, Mohn, Pfefferkraut, Kümmel, Schnittlauch, Salbei, Liebstöckl, Pfefferminze, Petersilie, Koriander, Lorbeer, Wacholder, Sellerie, Rettich, Gurken, Mangold, Pastinak sowie mit gelben und roten Rüben eine stark erweiterte Geschmacksvielfalt. In ihren Gärten zogen die Mönche Feigen, Maulbeeren, Äpfel, Birnen, Pflaumen, Pfirsiche, Quitten, Mandeln, Wal- und Haselnüsse, Kirschen, Mispeln, Hagebutten und Schlehen. Ebenso zielstrebig verfolgten sie die Verbesserung des Getreideanbaus und der Weiterverarbeitung. Sie erbauten Steinbacköfen, in jedem Dorf einen, zur gemeinsamen Nutzung. Erstmals unterschied man zwischen dem gekneteten und dem gewallten Teig. Weil diese Öfen in den Dörfern nur von einem Mann bedient werden durften, entstand daraus der Beruf des Bäckers, „Pister" genannt.
Im 10. Jahrhundert gab es Hafer- und Gerstenbrote, gesäuerte und ungesäuerte. Im 11. Jahrhundert kamen dann vereinzelt Weizenbrote hinzu, die sich nur besser situierte Leute leisteten. Die Backwaren hatten allerdings andere Gewichte als heute. So wog nach einer damaligen Brotabrechnung eine Semmel 800 g, eine Brezel (natürlich ohne Lauge) 600 g. Diese Brezeln (in Augsburg Bretzgen genannt) hatten in etwa die Form der heutigen Brezeln, jedoch ohne mittlere Verschlingung, wobei die beiden Teigenden so nach oben gezogen wurden, daß sie rechts und links einen geschlossenen Ring bildeten. Ein Weißbrot wog 1000 g, kleine Roggenbrote lagen bei 500 g, und große Roggenbrote waren 2000 g schwer. Von dieser Zeit an war das Brot Hauptnahrungsmittel. So stieg der Pro-Kopf-Verbrauch im Stadtgebiet auf nahezu 200 kg pro Jahr (vgl. BRD 1959 = 83 kg).
Mit großer Hingabe nahmen sich die Ordensherren auch der Kunst des Bierbrauens und der Kultivierung des Weines an. Auch um Augsburg, in Wellenburg, Kaisheim und in Leitheim (Heim an der Weinleite) wuchsen an sonnigen Plätzen die Rebstöcke. So wurden seit dem 12. Jahrhundert der Met und das Bier vom Wein stark verdrängt. Der durchschnittliche Weinverbrauch soll bei 150 bis 200 l pro Kopf und Jahr gelegen haben (vgl. BRD 1986 = 23 l). Ein Chronist berichtet allerdings: „Ich habe zuweilen gesehen, daß so trüber Wein vorgesetzt wurde, daß er nur mit geschlossenen Augen und zusammengebissenen Zähnen, mit Schaudern und Widerwillen eher hineingeseiht als getrunken wurde."

Dank der klösterlichen Forschung und Entwicklung im Gartenbau gelangten schließlich auch noch Kürbisse, Melonen, Bohnen, Erbsen, Linsen, Senf, Meerrettich, Spinat, Brunnenkresse, Kopfsalat, Karde, Borretsch, Majoran, Ysop und Lavendel in den Handel.
Durch die Erschließung der Salinen Reichenhall und Hallein im Süden in den Jahren 1163–1200 (Hall war die keltische Bezeichnung für Salz), wie auch Lüneburg im Norden, wurde das Salz endlich auch für einfachere Leute erschwinglich. Bis dahin war es ausschließlich in vornehmeren Häusern in Gebrauch gewesen. Nun konnte mit dem Salz Fleisch, Fisch und Käse haltbar gemacht werden.
Sehr genügsam hatten die Bauern zu leben. Mit strengen Gesetzen und Verordnungen wurde die Exklusivität der Speisen des Adels betont. Nach einer Landfriedensordnung aus dem 12. Jahrhundert stand ihnen gehobeltes Kraut oder Rüben mit einem Stück Fleisch zu, dazu gab es Breispeisen aus Gerste, Hafer und Roggen. Des weiteren aßen sie Suppen mit Einlagen aus Teig, verquirlten Eiern oder zerkleinerten Eingeweiden. An Fasttagen gab es Fisch-, Eier- oder Mehlspeisen.
Da es damals viele Fasttage gab, erklärte der heilige Thomas von Aquin im 13. Jahrhundert auch alle Vögel, die im Wasser schwammen, zu Fischen, wozu er vor allem Enten, Gänse und Schwäne zählte.
Kreuzfahrer brachten zwischen dem 11. und 13. Jahrhundert das Rosenwasser, die Muskatnuß und Kardamom sowie aus dem Balkan den Safran nach „Augusta Vindelicorum“.
Das Haltbarmachen von Lebensmitteln für die Bevorratung geschah nun durch Salzen, Räuchern, Dörren, Eingelieren und durch Einlagern in Erdhöhlen oder in tief gelegenen Gewölbekellern. Diese wurden übers Jahr hinweg mit Eisblöcken kühl gehalten, die die Zimmerleute im Winter mit der Baumsäge aus zugefrorenen Seen heraussägten.
Mit Einführung des Wildbannes im 13. Jahrhundert wurde die freie Jagd fast ausschließlich auf die Grundherren beschränkt, wodurch vermehrt Mehlspeisen auf die Tische kamen, die aber auch immer besser wurden. Man denke nur an die guten Suppeneinlagen, an die vielerlei Spätzle, verschiedene Nudelgerichte, Strudel und Aufläufe sowie an das feine Hefe-, Schmalz- und Buttergebäck. Dazu trank man den aus gerösteter Gerste gemahlenen Malzkaffee oder Most, der zumeist aus Apfelsaft bestand, der mit Hefe versetzt und vergoren wurde.
1276 wurde „Augusta Vindelicorum“ dann zur freien Reichsstadt erklärt. Schon sehr früh erkannten unsere geschäftstüchtigen Vorfahren das enge Verhältnis zwischen Gürtellänge und Einkommen. So waren es in Augsburg zuerst die Welser, die mit Beteiligung der Memminger Vöhlin 1505 mit ihrer eigenen, ersten deutschen Handelsflotte unter der rotweißen Flagge in See stachen und Handel trieben. Nach dem sogenannten Reziprozitätsprinzip nahmen sie über Italien, der Levante, Frankreich und Spanien bis Venezuela, Haiti und Westindien Kontakt auf. 1528 erwarben sie das Kolonisationsrecht über ein Gebiet, das sich in der Breite der Küste Venezuelas über ganz Südamerika ausbreitete.
Ihre Nachfolger waren Anfang des 16. Jahrhunderts die Fugger, die mit Monopolen Kaiser Karls V. über 52 Faktoreien als blühende Außenhandelskontakte bis Chile, Peru und Ostin-

dien unterhielten. Darüber hinaus gelang es Jakob Fugger, seine Firma mit dem Kupfermonopol zum damals bedeutendsten Wirtschaftsunternehmen und zur größten Finanzmacht Europas zu machen. Aber auch die Gewürzhändler Höchstetter, Manlich und Haugg aus der freien Reichsstadt waren im Gewürzhandel bedeutend. Sie konkurrierten mit Portugal um die führende Rolle in diesem gewinnträchtigen Geschäft. Als schließlich der Augsburger Kaufmann Hans Rem im 14. Jahrhundert erstmals Baumwolle aus dem östlichen Mittelmeerraum einführte, entwickelte sich in Augsburg bald ein weltbedeutendes Textilzentrum mit einem enormen Ausstoß.
Nach dem Aufschwung der Spinnereien und Webereien blühte in Augsburg aber auch das Gold- und Silberschmiedehandwerk, dessen Erzeugnisse heute noch weltweit berühmt sind und die, entsprechend der Prunkfreude europäischer Höfe und dem Repräsentationsbedürfnis aufstrebender weltlicher wie geistlicher Fürsten, regen Absatz fanden.
So wurde Augsburg zu einem Tor des sich ausdehnenden Welthandels, natürlich gelangte auch einiger Wohlstand in die eigene Börse.
Augsburg ist nun die goldene Stadt, von der Papst Pius II. 1468 behauptete, sie sei die reichste Stadt der Welt. Durch diesen Handel mit aller Welt kamen alle uns heute bekannten fremdländischen Gewürze schon sehr früh nach Augsburg. Natürlich hatte dieser ungeheure wirtschaftliche Aufschwung Auswirkungen auf die Patrizier- und Bürgerfamilien. Sicherlich aß man zu dieser Zeit, vor allem bei besonderen Anlässen, nicht mehr nur nach Bedürfnis, sondern auch nach Gaumenlust. Dies ist ein Grund, warum man in den alten Kochbüchern Rezepte für die Zubereitung von Hummer, Languste, Krabben, Austern, Muscheln findet, die ja im Binnenland selten und teuer sind.
Sehr beliebt waren im Mittelalter und in der frühen Neuzeit über dem Feuer gebratene Hühner in Pfeffer- oder Nelkensoße. Häufig wurden sie aber auch zu Pasteten verarbeitet. Neben den Haustieren verspeiste man gerne auch Wildgeflügel, wie Schwäne, Reiher, Störche, Fasanen, Rebhühner, Wachteln, Wildenten, Raben, Lerchen und Amseln. Doch als besonderer Leckerbissen galt unverständlicherweise der im Fleisch so zähe Pfau.
Über die damalige Küche haben Forscher die einhellige Meinung, daß sie uns heute wohl kaum schmecken würde. Man hatte die Speisen einerseits vor allem deshalb zu stark gewürzt und gesüßt, um durch die mangelnde Kühlung verdorbenen Lebensmittel zu übertönen. Andererseits war man der Meinung, daß diesen neuen Würzmitteln besondere Heilkräfte innewohnten. So hielt man Muskatnuß, Nelken, Koriander, Iris, Pfeffer und Ingwer für Vorbeugungsmittel gegen die Pest. Wacholder sagte man dämonenabwehrende Kräfte nach.
Darüber hinaus demonstrierte man mit dem Besitz und Gebrauch dieser neuen Gewürze seinen Wohlstand.
Da die Menschen im Mittelalter und in der frühen Neuzeit im allgemeinen ein maßvolles Leben führten, waren große Essen eine Ausnahme. In besseren Häusern tafelte man allerdings auch damals üppiger und vornehmer. Weil man mit den Fingern aß, wusch man sich beim Betreten des Hauses die Hände. Dieses Waschwasser war vielfach parfümiert durch

vorheriges Abkochen mit Lorbeer, Salbei, Vanille, Rosmarin, Majoran oder Lavendel. Die Knappen mußten den Rittern die Schüsseln kniend reichen. Alle Teilnehmer eines Mahles saßen auf einer Seite der Tafel, mit dem Rücken zur Wand, der Hausherr in der Mitte. So konnte das Auftragen der Trachten (Gänge) beobachtet werden. Jede Tracht bestand aus mehreren Gerichten. Häufig waren es Schauplatten mit besonderen Reizen, wie z. B. eine Wildpastete, aus der ein kleines Häschen heraushüpfte, oder es waren Gerichte, aus denen beim Anschneiden Vögel herausflogen. Das Essen sollte ja zugleich Unterhaltung sein. Auch wollte jeder dem Truchseß (Vorschneider) beim Tranchieren auf die Finger sehen und ihn nicht aus den Augen verlieren, da dieser vorkosten mußte, um sicherzugehen, daß die Speisen nicht vergiftet oder verdorben waren. Man nahm von den vielen Gängen jeweils nur eine Kostprobe, denn es galt als unhöflich, einen Gang auszulassen. Nach dem Hauptgang traten die Sänger oder Musikanten auf, mit ihnen kam der Wein an den Tisch. Wen danach dürstete, winkte den Mundschenk herbei. Dieser, meist ein Knecht des Hauses, reichte den gefüllten Becher, nahm ihn nach dem Trinken wieder zurück, wischte den Becherrand ab und gab ihn dem Nächsten.
Es gab zwar vereinzelt schon Gabeln, doch man sah in ihnen eine Nachbildung des teuflischen Dreizacks, weswegen Martin Luther 1518 schrieb: „Gott behüte mich vor Gäbelchen." So kamen die Gabeln erst im 17. Jahrhundert auf die Tische. Natürlich gab es auch schon damals Verhaltensregeln für Edelleute bei Tisch, besonders die sogenannten

„Zehn Tischgebote"

1. Kein Edelmann soll mit einem anderen zusammen von einem Löffel essen.
2. Beim Essen rülpst man nicht und schneuzt auch nicht in das Tischtuch.
3. Wer mit dem Löffel seine Speise nicht aufnehmen kann, der schiebe sie nicht mit dem Finger darauf.
4. Bevor man trinkt, wischt man den Mund, damit das Fett nicht in den Becher tropft.
5. Auch ziemt es nicht, beim Essen auf den Tisch zu lümmeln.
6. Beim Essen kratzt man sich nicht mit bloßer Hand, wenn es etwa an der Kehle juckt.
7. Kann man es nicht vermeiden, so kratzt man sich besser mit dem Gewand.
8. Es ist bäuerliche Sitte, mit angebissenem Brot wieder in die Schüssel einzutunken.
9. Auch den Knochen, den man abgenagt hat, legt man nicht in die Schüssel zurück.
10. Wer gerade Essen im Mund hat, der trinke nicht wie ein Vieh.

Vom 16. Jahrhundert an führten verschiedene Augsburger Spezereiläden bereits Zitronen, Orangen, getrocknete Feigen, Datteln, Kokos- und Erdnüsse, wie auch Johannisbrot. Mit dem Transithandel kamen die schon von Pizarro bei den Inkas entdeckten Kartoffeln auf die Iberische Halbinsel und von dort aus durch die Barfußmönche gegen 1564 nach Italien, wo sie als „Tartuffolo" (Trüffel) bezeichnet wurden. Im Augsburger Raum nannte man sie „Erdbire".

Seit 1585 zog man Kartoffeln, zunächst aber nur in den botanischen Gärten von Wien, Breslau, Frankfurt und Nürnberg. Ludwig VIII. bekam sie 1616 erstmals als besondere Kostbarkeit serviert. Angesichts der Bruderkriege und der daraus folgenden Hungersnot befahl Friedrich der Große 1742 durch ein Edikt, die Kartoffel als Volksnahrungsmittel anzubauen. 1744 dürften sie erstmals in Augsburg auf den Markt gekommen sein.
Im 17. Jahrhundert ging im süddeutschen Raum die mittelalterliche Warmzeit zu Ende. Es wurde merklich kühler und der Wein säuerlicher. Dazu ging der Dreißigjährige Krieg an vielen Weingärten nicht spurlos vorüber. So wurde von dieser Zeit an in Augsburg der Wein wieder vom Bier verdrängt. Das Brauen erfolgte nun nur noch nach dem Reinheitsgebot des Herzogs Wilhelm IV. von Bayern aus dem Jahre 1516. Um diese Zeit hatte die freie Reichsstadt Augsburg etwa 50000 Einwohner und über 100 Braustätten.
Der Augsburger Arzt L. Rauwolf berichtete 1570, daß man im Vorderen Orient aus kleinen grünen, gerösteten Früchten ein wohlduftendes, schwarzes Getränk bereite, und brachte einige Früchte mit. Pater Alpino von Padua gab dieser Fruchtpflanze die botanische Bezeichnung „Bon“ und dem Getränk den Namen „Caova“. Aus dieser Zusammensetzung entstand das Wort Bohnenkaffee. Doch wegen des zu hohen Preises konnte der Bohnenkaffee den bis dahin in allen Häusern aus gerösteter Gerste gebrühten Malzkaffee mit „Zichorie“-Zusatz erst im 20. Jahrhundert verdrängen.
Ab dem 18. Jahrhundert wurden überall, wo Salpeter vorkam, Steinmühlen errichtet, die den ersten Kunstdünger lieferten, womit um Augsburg herum die Felder „begeilt“ wurden. Damit konnte Klee angebaut werden, wodurch die Viehzucht einen beachtlichen Aufschwung nahm. Doch Ende des 18. Jahrhunderts stellten sich mehrere Mißernten ein. Hinzu kam die Rinderpest, die sich von Osteuropa nach Westen ausbreitete und den halben Viehbestand dahinraffte. Die Folgen waren enorme Teuerungen, die bis ins 19. Jahrhundert zu einem bescheidenen Leben zwangen. Fleisch gab es nur noch zu besonderen Anlässen. Wie früher aß man morgens wieder Brotsuppe, mittags Mehlspeisen und abends Mus oder Kartoffeln. Das schwäbische Nationalgericht „d' Kässpätzle“ gab es noch immer nicht. Erst Anfang des 19. Jahrhunderts kam aus der Schweiz der Emmentaler Käse, mit dem dann schon bald dieses herrliche Gericht kreiert wurde.
So hatte die Augsburger Küche sich in zwei Jahrtausenden immer wieder aufs neue zu bewähren und sich den Höhen und den Tiefen dieser Stadt anzupassen. Immer gab sie, was ihr abverlangt wurde.
Dies haben wir den vielen hervorragenden Köchinnen und Köchen dieser langen Zeit zu verdanken, die mit viel Liebe, Geduld, Können, Fleiß und Einfallsreichtum wahre Meisterwerke der Kochkunst kreierten. Was haben sie allein nur aus Mehl, Milch, Eiern und Schmalz für Köstlichkeiten ersonnen. Dazu kamen die vielen feinen Suppen und Fleischgerichte, die heute wie früher immer wieder aufs neue begeistern.
So bietet die Augsburger Küche eine Vielzahl kulinarischer Genüsse, vom Einfachsten bis zum Teuersten. Diese ausgereifte Küche verdient es, als großes Kulturgut dieser Stadt für die Zukunft bewahrt zu werden.

Vorspeisen

Rohe Piflex

Eine Art Rindertatar

8 Brotscheibchen, gebuttert, 500 g mageres Rinderhack, 1 TL scharfer Senf, 1 EL Pflanzenöl, 1–2 EL Essig, Salz und Pfeffer nach Belieben

Garnitur: 2 hartgekochte Eier, klein gehackt, 1 TL Kapern

Die Zutaten werden zu einem Fleischteig verarbeitet, daraus 8 kleine Bällchen geformt, plattgedrückt, auf gebutterte Brotscheibchen gelegt und mit den kleingehackten, gekochten Eiern und Kapern bestreut.

Römische Sardinen

Feine marinierte, gebratene Sardinen

800 g frische Sardinen, etwa 2 Tassen Mehl, frisches Fritierfett, Salz und weißer Pfeffer, 2 EL Karotten, zündholzdünn geschnitten (Julienne), 2 EL Petersilienwurzel, zündholzdünn geschnitten (Julienne), 2 EL Sellerieknolle, zündholzdünn geschnitten (Julienne), 3 Zwiebeln, in nicht zu dünne Ringe geschnitten, etwa ¾ Tasse feiner Weißweinessig, 1–2 Knoblauchzehen, feinst gescheibt, ¾ Tasse feines Olivenöl, 2 Lorbeerblätter, einige Wacholderbeeren

Die frischen Sardinen werden ausgenommen, gewaschen, trockengetupft, in Mehl gewendet und, heute am besten in der Friteuse, goldgelb gebacken, auf Küchenkrepp gelegt und noch heiß von allen Seiten mit Salz und Pfeffer bestreut.
Anschließend auch die Karotten-, Petersilien-, Selleriestreifen und Zwiebelringe in Mehl wenden und ebenfalls in der Friteuse hellgelb backen. Nun schichtet man die abgekühlten Fische nebeneinander in eine flache Glas- oder Tonschale und bestreut sie mit den gebackenen Gemüsestreifen.
Zuletzt wird der Essig mit den Lorbeerblättern und Wacholderbeeren kurz zum Kochen gebracht und heiß, zusammen mit dem kalten Olivenöl, über die Heringe gegossen. So sollten sie abgedeckt und kühl gestellt zwei bis drei Tage marinieren. Wenn sie einmal gewendet werden, verbessert das das Ergebnis.

Karotten-Petersilie-Sellerie: Karotten waren im alten Rom ein beliebtes Gemüse, Petersilie wurde als Heil- wie auch als Küchenkraut sehr geschätzt. Nach Apicius (etwa 14–37 n. Chr.), dem 1. Kochbuchautor der Welt, verwendeten sie Petersilie hauptsächlich zur Zubereitung von Schweinefleisch und Lukanischen Würsten, nur selten zu Fischen. Bei großen

Veranstaltungen trugen die Römer sogar Kränze aus Petersilie, damit ehrten sie auch die Sieger der Isthmischen Spiele.
Den Sellerie dagegen hielten sie für dem Gott der Unterwelt geweiht, weswegen sie auch mit Selleriekraut ihre Grabhügel zierten. Es kann angenommen werden, daß diese drei Gemüsesorten schon bald in das römische Legionslager am Lech kamen und daß dieses Fischgericht von den Coctores schon zur Gründerzeit Augsburgs auf die Tische höherrangiger Besatzer gebracht wurde.

Forhella-Galrete

Süß-saure Forellensülzchen

1 Lachsforelle, ¼ l Weißwein, ½ l Fleischbrühe, 1 Zwiebel, gescheibt, 1 EL Ingwer, gescheibt, 2 Zitronenscheiben, 7 Blatt Gelatine (früher Hausenblase), Essig nach Belieben, Salz und weißer Pfeffer, 1 Stäubchen Cayennepfeffer, Zucker nach Belieben, 1 Msp Zimt

Garnitur: 4 gekochte Karottenscheibchen, 4 Blättchen Petersilie

Zunächst läßt man für den Kochsud den Weißwein, die Fleischbrühe, Zwiebelringe, Ingwer- und Zitronenscheiben 15 Min. köcheln. In diesem dann vom Herd gezogenen Sud ist die Forelle 7–8 Min. ziehend, aber nicht mehr kochend, zu pochieren. Anschließend wird der Fisch enthäutet und ohne Gräten in 4 Teile zerlegt. In der Zwischenzeit werden die Gelatineblätter 4 Min. in kaltes Wasser eingelegt, dann fest ausgepreßt und in den noch gut warmen, durch ein Tuch passierten Sud eingerührt, der zuletzt mit Essig, Salz, Pfeffer, Cayenne, Zucker und Zimt gewürzt wird.
Nun gießt man in vier Förmchen das Gelee 5 mm hoch und läßt es erstarren. Darauf kommen die Karottenscheiben mit Petersilienblättchen und hierauf die Fischtranchen, die mit dem restlichen Aspik überzogen werden. Zum Servieren werden die Sülzchen auf die Teller gestürzt.

Ingwer: Die beißend scharfe, würzige, unter der Erde wachsende Wurzelknolle der bis zu 1,50 m hohen „Zingiber officinale" war schon im Altertum in Südchina und Indien ein Heil- und Würzmittel. Die Römer verwendeten Ingwer erstmals im 1. Jahrhundert n. Chr. Seit dem 8. Jahrhundert n. Chr. war er in Deutschland bekannt. Sehr aromatisch sind die Wurzeln aus Jamaika und dem südchinesischen Canton. Die Ingwerknolle läßt sich für die Küchenverarbeitung leicht durch die Knoblauchpresse drücken.

Hasenpastete

ergibt 1 Pastetenform für etwa 20 Personen

900 g Hasenfleisch (ohne Knochen und Sehnen), 100 g frischer Schweinespeck, 2 Schalotten, 300 g Kalbsbrät, ¾ Tasse Sahne, 5 cl Branntwein (heute Cognac), Salz und Pfeffer, 1 Msp Nelkenpuder, 1 TL Thymian, 8 Wacholderbeeren, feinst gestoßen, 40 g Butter für die Form, 6–7 Scheiben Blätterteig (heute fertig gekauft), 2½ Tassen Johannisbeergelee

Das Hasenfleisch wird mit dem Speck und den Schalotten einmal grob, dann zweimal feinst durch den Fleischwolf gedreht und durch ein Haarsieb gestrichen.
Dann das Kalbsbrät mit der Sahne abrühren und zusammen mit dem Cognac und den Gewürzen in den Fleischteig einkneten. Nun legt man die gebutterte Pastetenform mit Blätterteig aus, füllt die Fleischmasse ein und deckt sie mit einer Blätterteigscheibe ab, in die Löcher von der Größe eines Zweimarkstückes gestochen wurden, damit beim Garen der Dampf entweichen kann. Diese Öffnungen können mit aufgeklebten Blätterteigrosetten verziert werden. Als Klebstoff eignet sich Eigelb.
Zuletzt wird die Pastete mit Eigelb bestrichen, in ein kochend heißes Wasserbad gesetzt, in die auf 250° vorgeheizte Röhre geschoben und dann, reduziert auf 190°, etwa 1 Std. gebacken. Sollte die Oberfläche dunkel werden, ist sie mit Alufolie zu schützen.
Die Pastete muß in der Form erkalten. Erst dann kann man das Johannisbeergelee zur Verfestigung 5 Min. einkochen lassen, ehe es durch die „Kaminlöcher" in die Pastete eingegossen wird. Nach etwa 4 Tagen Lagerung ist die Hasenpastete ausgereift und servierbereit.

Knobloch-Brödlein

Feine Knoblauchschnitten

8 dünne Schwarzbrotscheiben, 4–5 größere geschälte Knoblauchzehen, ⅓ Tasse feines Olivenöl (am besten natives Olivenöl extra)

Die Brotscheiben werden in der Pfanne ohne Fett einseitig etwas hart geröstet. Auf diesen röschen Flächen der noch sehr heißen Brote werden die Knoblauchzehen so lange hin und her gerieben, bis das Abgeriebene der Zehen die oberen Hohlräume der Brotscheiben füllt. Für ½ Brotscheibe rechnet man mit etwa einer ¾ Zehe Knoblauch. Dann pinselt man noch etwas Olivenöl darüber und reicht die Brote noch heiß. Garniert werden die Brote mit frischem Schnittlauch. Sehr fein schmecken diese Brote auch mit heißem Olivenöl übergossen und mit Tomatenscheiben belegt.

Olivenöl: Mit den Römern kam das Olivenöl nach Augsburg. Sie lagerten verschiedene Sorten in Amphoren, die in die Erde versenkt oder eingemauert waren. Durch Auspressen unter dem Druck von bis zu 300 Bar erhält man heute aus 100 kg Oliven etwa 16 kg Öl. Gelbe Öle sind im allgemeinen milder als die grünen. Olivenöl sollte nicht älter als 1 Jahr sein, weil nur junge Öle frisch und fruchtig schmecken.
Es gibt heute 4 Sorten Olivenöl.
Das native Olivenöl extra: Es ist das hochwertigste Olivenöl der 1. Kaltpressung mit einwandfreiem Geschmack.
Olio extra vergine: Auch dieses Öl kommt aus der 1. Kaltpressung und ist besonders geeignet für Salat.
Das native Olivenöl: Dieses Öl eignet sich sehr gut zum Erhitzen und darf noch mit „fein" bezeichnet werden.
Das Olivenöl ist ein Verschnitt aus nativem Olivenöl mit Oliventrester, unter Zusatz von Chemikalien raffiniert. Dieses Öl kann heiß wie kalt verarbeitet werden, ist aber geschmacklich mit den anderen Ölen nicht zu vergleichen.

Kräuter-Eyr

Gekräuterte harte Eier (Abb. S. 49)

4 frische Eier, 1 TL Petersilie, feinst gehackt, 1 TL Schnittlauch, feinst gehackt, Salz und Pfeffer nach Belieben, 1 Msp Muskatnuß

Garnitur: 4 Salatblätter

Man legt die Eier etwa 2½ Min. in kochendes Wasser, schreckt sie danach kalt ab und läßt sie auskühlen. Anschließend sticht man jedes Ei auf einer Seite mit einer Stricknadel ein. Auf der anderen Seite stellt man eine kleinfingerdicke Öffnung her. Nun werden die Eigelbe ausgeblasen, aufgefangen, mit Salz, Pfeffer, Muskatnuß gewürzt und mit den Kräutern vermengt. Dann wird das Eigelb wiederum eingefüllt.
Nun setzt man die Eier mit dem Nadelloch nach unten in eine etwas zusammengepreßte Alufolie auf ein Backblech. Das obere, größere Loch wird mit einer auf einen Zahnstocher aufgespießten Brotscheibe abgedichtet. So kommen die Eier in die auf 180° vorgeheizte Bratröhre, worin man sie etwa 15 Min. backen läßt. Dann werden sie nochmals kalt abgeschreckt. Nach dem Erkalten werden sie geschält, in 6 mm dicke Scheibchen geschnitten und auf Salatblättern angerichtet.

Lamm-Karbonadel

Lammkotelett

Butterteig: 260 g Mehl, 125 g Butter, 1–2 Eier, Salz
Fleisch: 8 Scheibchen etwa 4–5 mm dick geschnittene Lammfilets, je ca. 25 g, 3 EL Öl, Salz und Pfeffer
Farce: 150 g Lammfleisch, klein geschnitten, 1 kleine Knoblauchzehe, 1 Schalotte, fein gehackt, 1 EL Petersilie, fein gehackt, ½ Ei, 2 EL Sahne oder Milch, 1 TL Majoran, etwas Semmelbrösel, so daß ein festerer Teig entsteht, Salz und Pfeffer, Backfett, etwas Eigelb zum Bestreichen

Zunächst wird der Butterteig vorbereitet, auf etwa 3 mm Dicke ausgewallt und in acht Stücke geschnitten, so groß, daß man die Fleischstückchen darin einschlagen kann. Dann werden die Lammscheibchen gewürzt, in Öl beidseits scharf angebraten, so daß sie innen noch blutig sind, und zur Seite gestellt.
Zur Herstellung der Farce werden die Zutaten im Mixer zerkleinert. Zuletzt bestreicht man beide Seiten der Fleischscheibchen mit der Farce und schlägt sie in die Butterteigflecken ein. Diese kommen auf ein gefettetes Backblech und werden, mit Eigelb bestrichen, in der auf 170° aufgeheizten Röhre ausgebacken.
Sie werden warm gereicht. Diese kleinen Koteletts eignen sich aber auch gut als Vorspeise.

Markkrapfen

Mit Knochenmark gefüllte Teigtaschen

150 g Mehl, 1 Ei, 1 EL Öl, etwas Wasser
Füllung: je nach Größe 6–10 dicke Scheiben ausgelöstes, rohes Knochenmark, Salz und weißer Pfeffer, 3 EL Zwiebelröhrle, geschnitten, 1 Eiweiß, Fritierfett

Aus Mehl, Ei, Öl und Wasser wird ein fester Teig geknetet, der eine Stunde ruhen sollte. Anschließend rollt man den Teig dünn aus und sticht runde Plätzchen mit etwa 6–7 cm Durchmesser aus.
Diese Teigflecke werden in der Mitte mit gewürzten Knochenmarkscheiben und Zwiebelröhrle belegt. Dann die Ränder mit Eiweiß befeuchten. Die Teigflecke deckt man mit einer zweiten Teigscheibe ab und preßt sie an den Rändern fest zusammen. Zuletzt werden sie, heute am besten in der Friteuse, goldgelb gebacken.
Früher gab man das Knochenmark auch mit Zucker, Zimt und Weinbeeren in die Teigtaschen.

Ordinärer Kaviar

Brötchen mit Fischtatar

4 halbe Scheiben Toast, 50 g Butter, 2 Matjesfilets, 2 Sardellen, 1 hartes Ei, 1 EL Zwiebel, fein gehackt, 1 EL Öl, 1 EL Weinessig, 1 Prise Zucker, wenig Salz, weißer Pfeffer

Garnitur: 1 EL kleine Kapern, 1 TL Dill, fein gehackt

Zunächst röstet man die Brotscheiben und bestreicht sie mit Butter. Dann werden die Fische und das Ei fein gehackt, mit den übrigen Zutaten locker vermengt, mit Salz, Pfeffer und Zucker gewürzt und auf die Brote verteilt.
Zum Servieren werden die Brote mit Kapern und Dill bestreut.

Der echte Kaviar: Die bis zu 9 m langen und 20 Ztr. schweren Belugastöre gelangten im Mittelalter auf dem Weg zu ihren Laichplätzen über das Schwarze Meer und die Donau bisweilen bis nach Bayern. Die riesigen Fische, die bis zu 100 Jahre alt werden können, setzen in einem Laichgang etwa 12 Prozent ihres Eigengewichts an Rogen ab. In Augsburg war jedoch früher der echte Kaviar unbekannt.
Erst in neuerer Zeit kam mit den verbesserten Transportmöglichkeiten vom Kaspischen, Asowschen und Schwarzen Meer nicht nur der hochfeine, großkörnige Kaviar vom Belugastör, sondern auch der mittelgroße von dem bis zu 4 m langen und 160 kg schweren Ossetra-Stör, wie auch vom höchstens 1,50 m langen, max. 25 kg schweren Sevruga-Stör mit seinem kleinsten Korn auf den Augsburger Markt. All diese Kaviarsorten wurden im Laufe der Zeit auch als Malossol angeboten. Dieses Wort kommt von dem russischen Malo (= wenig) und Ssol (= Salz), was wenig gesalzen bedeutet.

Parmesan-Thaler

Parmesan-Taler, kleine, feine würzige Happen

Einige Toastscheiben, etwas Butter, Parmesankäse, frisch gerieben

Aus den Toastscheiben werden etwa talergroße Scheibchen ausgestochen und gut mit Butter bestrichen. Dann preßt man mit der Hand auf jedes Scheibchen ungefähr 5 mm dick frisch geriebenen Parmesankäse, setzt die Scheibchen auf ein Backblech und schiebt das Blech für 6–7 Min. in die auf 200° vorgeheizte Backröhre. Man reicht sie heiß zu Bier oder Wein. Früher wurden sie auch als Suppeneinlage verwendet.

Parmesankäse: Parmesankäse aus Parma, wohl einer der ältesten Käse der Welt, kam in Rom schon vor 2000 Jahren auf die Tische. Auch die in Augsburg stationierten römischen Legionäre erhielten zur Geschmacksverbesserung ihrer Getreidebreie diesen Hartkäse. Heute kommt Parmesankäse in Laiben bis zu 30 kg schwer auf den Markt.

Marinierter All

Gebackene Aalscheiben süß-sauer

1 kg fleischiger, grüner Aal, enthäutet, 1 EL Zitronensaft, Salz, 1 Tasse Mehl, Öl zum Ausbacken, 1 Zwiebel, dünn gescheibt, 3 Knoblauchzehen, dünn gescheibt, 1 EL Karotten, dünn gescheibt, 1 TL Thymian, getrocknet, 1 TL schwarze Pfefferkörner, grob gestoßen, ¾ l leicht gesalzenes Wasser, 2 TL Honig, Essig nach Belieben, 3 EL Öl

Der in fingerdicke Scheiben geschnittene Aal wird mit Salz und Zitrone gewürzt, in Mehl gewendet und in heißem Öl (Friteuse) goldgelb gebacken. Dann läßt man die Zwiebeln, Knoblauchzehen, Karotten und gestoßenen Pfefferkörner mit dem Essig, Honig, Thymian und Salzwasser etwa 30 Min. zu einer feinen, süß-sauren Tunke kochen, der man zuletzt das Öl zugibt.
Nun werden die gebackenen Aalscheiben in einem Tongefäß übereinandergeschichtet, wobei jede Lage mit dem heißen Sud samt Einlage zu überziehen ist. Die mit dieser Flüssigkeit bedeckten Aalscheiben sollten so 24 Std. marinieren.

Mosaikbrote

Würzig gefüllte Brotscheiben

2 glatte Semmeln, 125 g gekochter Schinken, 2 harte Eier, 70 g Butter, weich, 5 Sardellen, 1 TL Kapern

Die Semmeln werden durchgeschnitten und die Krume entfernt. Dann wird der Schinken mit den Eiern und Sardellen feinst gehackt und mit der Butter verrührt. Jetzt kommen die Kapern dazu. Nun streicht man die Masse dick auf die Semmelhälften, preßt die zusammengehörenden Teile fest aufeinander und stellt sie kühl, damit die Füllung fest wird. Vor dem Servieren werden die Semmeln senkrecht in 6–8 mm dicke Scheiben geschnitten.

Rebhuhnsalat

1 Rebhuhn, Salz und Pfeffer, 100 g Butter, geklärt, 1¼ Tasse Bratensoße, 4 EL Sahne, 2–3 EL Madeirawein, 40 kernlose Trauben, ½ Honigmelone, klein gewürfelt, 1 EL Mandeln, geröstet, 1 TL grob gestoßener Pfeffer

Das Rebhuhn wird mit Salz und Pfeffer gewürzt, in geklärter Butter gebraten und nach dem Erkalten in kleine Stücke geschnitten. Die Bratensoße etwas eindicken, mit der Sahne glattrühren und mit Madeirawein abschmecken. Nun verteilt man die lauwarme Soße auf die vorgewärmten Teller und schichtet abwechselnd Rebhuhn, Melone, Weintrauben und Mandeln darauf. Vor dem Servieren wird der Salat mit grobem Pfeffer bestreut.

Sardellen-Oliven

Feine, marinierte Oliven

500 g grüne oder schwarze Oliven, 2 Tassen Olivenöl, ½ Tasse Traubensaft oder Wein, 8 Sardellen, feinst gehackt, 7 Knoblauchzehen, feinst gehackt, 1 Zwiebel, feinst gehackt, 1 TL Oregano, getrocknet

Das Olivenöl wird mit dem Traubensaft oder Wein, den gehackten Sardellen, Knoblauchzehen, Zwiebeln und dem Oregano 5 Min. leicht aufgekocht und heiß über die in ein Glas geschichteten Oliven gegossen. So sollten sie verschlossen mindestens 3 Tage marinieren. Man kann sie so bis zu 4 Wochen problemlos lagern.

Liquamen: Schon die Römer marinierten ihre Oliven auf ähnliche Weise mit Liquamen, Olivenöl, Zwiebeln und Knoblauch. Zur Herstellung von Liquamen, einer Art Fischsoße, ließen sie Sardinen mehrere Monate an der Sonne faulen und dann in einer Salzlake bis zur Zähflüssigkeit einkochen. Dazu kam ein Traubensirup. Nach 24 Std. wurde das Ganze durch ein Linnen geschlagen. So erhielt man diese klare, dickflüssige Soße, mit der sie viele Gerichte würzten.
Weiter gab es noch „liquamen scombri excellens", eine aus Makrelen hergestellte Soße. Besonders berühmt waren die Fertigprodukte aus den Städten Pompeji und Leptis-Magna.

Suppen

Eyrkäs-Suppen

Eierstich-Suppeneinlage

¼ l Fleischbrühe, 2 ganze Eier, 2 Eigelb, Salz und Pfeffer, Muskatnuß, 2 EL Petersilie, feinst gehackt, 20 g Butter, 1 l Fleischbrühe

Garnitur: 1 EL Schnittlauch, gehackt

¼ l kalte Fleischbrühe wird mit 2 ganzen Eiern, 2 Eigelben und der Petersilie gut verrührt, mit Salz, Pfeffer und Muskatnuß gewürzt und in eine ausgebutterte, flache Auflaufform gegossen. Die Auflaufform kommt in ein Wasserbad, dessen Wasser halb so hoch ist wie die Auflaufform. Nun wird die Auflaufform abgedeckt und im Wasserbad in die auf etwa 125 ° vorgeheizte Backröhre geschoben. Auf keinen Fall darf das Wasser kochen, weil der Eierkäs dadurch rieslig und großporig würde.
Nach etwa 15–20 Min. ist der Eierkäs gestockt, so daß er sich in Rauten schneiden läßt, die man in die gewürzte Fleischbrühe einlegt und mit Schnittlauch bestreut serviert.

Geigenknödelsuppe

Feine, fritierte Suppeneinlage, ergibt etwa 20 kleine Knödel (Abb. S. 50)

60 g Butter, 2 Eigelb, Salz und weißer Pfeffer, ⅓ Muskatnuß, feinst gerieben, 2 EL warme Milch, 60 g Geigenmehl (heute auch Mutschelmehl), Schnee von 2 Eiweiß, 1 Prise Salz und weißer Pfeffer

Garnitur: 1 EL Schnittlauch

Die Butter wird mit dem Eigelb schaumig gerührt, dann fügt man die Milch, die Gewürze und das Geigenmehl hinzu. All dies wird gut vermengt.
Anschließend schlägt man das Eiweiß mit einer Prise Salz, bis der Eischnee Spitzen zieht, und unterhebt ihn behutsam der Teigmasse, die dann noch 10–15 Min. quellen sollte. Von dieser Teigmasse werden mit zwei in Wasser getauchten Teelöffeln kleine Nocken abgestochen, in heißem Fett (heute Friteuse) dunkelbraun fritiert und anschließend 2 Min. in sprudelnd heißer Fleischbrühe (heute einfacher und billiger in gekörnter Brühe) gekocht, ehe man sie in klarer abgewürzter Fleischbrühe mit Schnittlauch bestreut zu Tisch bringt.

Geigen: Für die Geigenknödel, die es nur an hohen Festtagen gab, ließen selbst die sparsamsten Hausfrauen kleine, längliche, weiße, sogenannte Geigen vom Bäcker backen, die sie in fingerdicke Scheiben schnitten, trockneten und mit dem Reibeisen pulverfein rieben.

Geröstete Brodsuppe

Geröstete Weißbrotsuppe

150 g Semmelbrösel, 70 g Butter, Fleischbrühe oder Wasser, 2 TL Majoran, getrocknet, 3 Eigelb, 3 EL Wasser, 1 gestrichener TL Muskatblüte, Salz und weißer Pfeffer

Garnitur: 1 EL Schnittlauch, fein geschnitten

Die Semmelbrösel werden in der schäumend heißen Butter gelb geröstet, mit Fleischbrühe oder Wasser aufgegossen und unter Zugabe des Majorans 8 Min. gekocht.
Dann verquirlt man die Eidotter mit 3 EL Wasser und rührt sie in die kochend heiße Suppe, so daß das Eigelb ausflockt. Zuletzt wird die Suppe mit Salz, Pfeffer und Muskatblüte abgewürzt und mit Schnittlauch bestreut serviert.

Biersuppe

60 g Butter, 1 EL Mehl, ¾ l dunkles Bier, 1 Zimtstange, Schale einer halben Zitrone, 1 TL Zucker, 2 Eigelb, ⅛ l Milch

Garnitur: 8 gebähte Semmelschnitten (s. u.), 1 Prise Zimt, 1 Prise Muskatnuß
Gebähte Schnitten: 8 dünne, alte Semmelschnitten werden in der Röhre oder in der nicht zu heißen Pfanne auf beiden Seiten goldgelb geröstet

Suppe: Das Mehl wird in schäumend heißer Butter goldgelb geröstet, mit Bier abgelöscht, dann mit Zimt, Zucker und Zitronenschale kurz aufgekocht. In der Zwischenzeit verquirlt man das Eigelb mit der Milch und rührt dies in die heiße, aber nicht mehr kochende Suppe. Sie darf nun nicht mehr aufwallen.
Dann werden die Zimtstange und die Zitronenschale entnommen und die Suppe mit den gebähten Schnitten, die man mit Zimt und Muskatnuß bestreut, serviert.

Brennessel-Suppe

½ Tasse Sellerie, fein gehackt, ½ Tasse Weißes vom Lauch, fein gehackt, 1 Zwiebel, fein gehackt, ¾ l Fleischbrühe, 3 Hände voll junge, zarte Brennesselblätter, 80 g Sahne, 20 g Butter, Salz und Pfeffer

Garnitur: 2 EL mit Knoblauch geröstete Weißbrotwürfel, kleine Brennesselblättchen

Der Sellerie, der Lauch und die Zwiebel werden in der Fleischbrühe weich gekocht und mit der Sahne aufgegossen. Dann kommen die gewaschenen, zerkleinerten Brennesselblätter dazu. Nach einer Minute Kochzeit wird das Ganze durchpassiert (heute im Mixer püriert) und mit der Butter, Salz und Pfeffer abgeschmeckt.
Man reicht sie zu den in zerriebenem Knoblauch gerösteten Weißbrotwürfeln und kleinen Brennesselblättchen. Keine Angst, gepflückte Brennesselblätter brennen nicht mehr.

Grüne Flädlein

Gefüllte Teigrollen als Suppeneinlage

100 g Mehl, 1 EL Öl, 1 Ei, etwas Wasser
Füllung: 4 EL Schnittlauch, fein gehackt, 4 EL Zwiebelröhrchen, fein gehackt, 4 EL Petersilie, fein gehackt, 1 Zwiebel, fein gehackt, 1 gestrichener TL Muskatnuß, 1 Ei, etwas Semmelbrösel, Salz und Pfeffer, 1 Eiweiß

Das Mehl wird mit dem Öl, Ei und Wasser zu einem Nudelteig geknetet und dünn ausgerollt. Für die Füllung werden alle Zutaten vermengt, abgewürzt und mit so viel Semmelbröseln gebunden, daß eine streichfähige Masse entsteht. Nun bestreicht man den Teigfladen mit Eiweiß, verteilt die Füllung gleichmäßig dick und rollt ihn ein. Dabei ist zu beachten, daß das Teig-Endstück der Rolle gut mit Eiweiß angeklebt ist.
Diese Rolle wird nun quer in fingerdicke Scheibchen geschnitten, die man im leicht köchelnden Salzwasser etwa 7 Min. ziehen läßt. Nach dem Garen werden sie als Suppeneinlage in einer Fleischbrühe gereicht.
Man kann sie nach dem Kochen auch abschmälzen und mit gerösteten Zwiebeln als Zwischengericht reichen.

Grünkern-Gemüsesuppe

60 g Butter, 1 EL Zwiebel, fein gehackt, 2 EL Lauch, fein gehackt, 1 EL Sellerie, fein gehackt, 75 g Grünkern, 150 g rohes, geräuchertes Bödele, 1 l Fleischbrühe, 4 EL Sahne, Salz und Pfeffer

In einem Topf läßt man 30 g Butter schmelzen und dünstet die Zwiebeln sowie das Gemüse an. Dann fügt man den Grünkern, die Fleischbrühe sowie das Bödele hinzu. So soll die

Suppe etwa 50 Min. köcheln, bis der Grünkern weich ist. Zuletzt wird sie mit Salz, Pfeffer, Sahne und der restlichen Butter abgeschmeckt.
Zum Servieren schneidet man das mitgekochte Bödele in kleine Würfel und verteilt sie auf die Teller.

Dinkel: Dinkel, auch Fesen genannt, eine der ältesten Getreidesorten, war viele Jahrhunderte das Brotgetreide in Augsburg. Wenn das Korn durch die alljährliche zu knappe Bevorratung vorzeitig ausging, zupften die Bauern auf den Feldern die noch grünen Körner (zu dieser Zeit sagte man Kerner), den Grünkern, aus den heranreifenden Dinkelähren, trockneten sie über dem Feuer und gewannen so ein Schrotmehl für Brot und Suppen. Da man bald den würzigen Geschmack zu schätzen lernte und den hohen Nährwert erkannte, entstand daraus die Grünkernerzeugung.

Goldwürfel-Suppe

Schmackhafte Suppeneinlage (Abb. S. 51)

2 altbackene Laugenbrezeln, 1 großes Ei, 2 EL Milch oder Sahne, 2 TL Schnittlauch oder Petersilie, fein gehackt, 1 gestrichener TL Muskatnuß, Salz und Pfeffer, 50 g Butter, 3 EL Öl

Das Ei wird mit der Milch oder Sahne unter Zugabe des Grünzeugs leicht verquirlt und mit Salz, Pfeffer und Muskatnuß abgewürzt.
Die Brezeln werden in mundgerechte Stücke geschnitten, in der Eimasse gewendet, so daß sie allseits benetzt sind. Dann läßt man sie 30 Min. in der Eimasse aufweichen. Danach werden sie im Butter-Ölgemisch in der Pfanne bei mittlerer Hitze unter stetem Wenden auf allen Seiten goldgelb ausgebacken. Schließlich werden sie auf die Teller verteilt und mit Fleischbrühe übergossen.

Die Laugenbrezel: Das Städtchen Bad Urach, südwestlich von Merklingen gelegen, gibt vor, die Geburtsstadt der Laugenbrezel zu sein. Dort soll Graf Eberhardt „im Barte" Ende des 15. Jahrhunderts seinen Hofbäcker Frieder wegen übler Nachrede zum Tode verurteilt und die erbetene Begnadigung in Aussicht gestellt haben, wenn es Frieder innerhalb von 3 Tagen gelingen sollte, ein Gebäck zu kreieren, durch das die Sonnenstrahlen dreimal leuchten können. In seiner Ratlosigkeit betrachtete Frieder seine Frau, die ebenfalls ratlos mit gekreuzten Armen vor ihm stand, was ihn auf die Form der Brezel brachte. Die Gräfin, eine gebürtige Italienerin, erinnerte sich an die lateinische Bezeichnung für Ärmchen „bracchia" und an „Brazula" für verschlungene Hände, worauf der Graf das neue Gebäck verdeutscht „Brazel" nannte und seinen Hofbäcker begnadigte.

Hiefensuppe

Hagebuttensuppe

4 Tassen vollreife Hagebutten, 3/4 l Wasser, 1/2 Zimtstange, 1/4 l trockener Weißwein, Zucker nach Belieben, Zitronensaft nach Belieben

Garnitur: 1 EL Zitronenjulienne (zündholzdünn geschnittene Streifen von der Zitronenschale, ohne weiße Fruchthaut)

Die Hagebutten werden mit der Zimtstange in 3/4 l Wasser gekocht, bis die Früchte sehr weich sind. Dann wird das Ganze durch ein Tuch oder Spitzsieb geschlagen und die aufgefangene Flüssigkeit mit Wein, Zucker und den Zitronenstreifen 5 Min. weitergekocht. Zuletzt schmeckt man die Suppe mit Zitronensaft ab.
Man kann diese Suppe warm oder als Kaltschale reichen.

Holder-Suppe

Holundersuppe als Kaltschale

600 g Holunderbeeren, 250 g Zwetschgen, 180 g Birnen, geviertelt, 1 1/4 l Wasser, etwa 65 g Zucker, Saft einer Zitrone

Das gewaschene Obst läßt man mit dem Wasser und Zucker unter gelegentlichem Umrühren weich kochen. Dann wird die Suppe durchpassiert, mit Zitronensaft und eventuell mit etwas Zucker abgeschmeckt und eisgekühlt, am besten mit Makronen gereicht.

Holunder: Der Holunder ist eine Heilpflanze der Spitzenklasse und wurde deshalb von unseren Vorfahren Herrgottsapotheke genannt. Sie hielten ihre Kinder dazu an, vor einem Holunderstrauch wie vor einem Kreuz die Mütze abzunehmen.

Kapaunen-Leber-Prüe

Hühnerlebersuppe (Abb. S. 52)

12 Hühnerlebern, 30 g Butter, 12 dünne, geröstete Weißbrotscheiben, ca. 4 cm Durchmesser, 3/4 l Hühnerbrühe, gewürzt

Garnitur: 1 EL Petersilie, gehackt, oder fein geschnittene Pfannkuchenstreifen

Die Hühnerlebern läßt man in heißem Wasser quellen. Dann werden sie von Häuten und Sehnen befreit, auf den Rost gesetzt und mit Butter bepinselt kurz gegrillt.
Nun werden die Weißbrotscheiben auf die Teller verteilt und mit den gegrillten Lebern belegt, die mit Petersilie bestreut werden. Dann gießt man gerade so viel Hühnerbrühe auf, daß die Lebern nicht von der Brühe bedeckt werden.

Leber-Suppe

250 g Kalbsleber, in dünne Scheiben geschnitten, 1 Zwiebel, feinst gehackt, 2 EL Butter, 1 EL Mehl, etwa ¾ l Fleischbrühe, Salz und Pfeffer, 1 Msp Muskatblüte

Garnitur: 4 Toastscheiben, geröstet, 1 EL frischer Majoran, gehackt

Die noch ungewürzten Leberstreifen werden in 1 EL schäumender Butter gelb gebacken, warm gestellt und leicht gesalzen. Nun läßt man das Mehl mit den Zwiebeln in 1 EL Butter gelb anschwitzen. Die Zwiebel-Mehlschwitze wird mit der Fleischbrühe gelöscht, kurz aufgekocht, durchpassiert und mit Salz, Pfeffer und Muskatblüte abgewürzt.
Zuletzt verteilt man die Brühe auf die Teller, fügt 1 Scheibe Toast pro Teller hinzu und richtet darauf die Leberstreifen mit dem Majoran an.

Spinatsuppe

200 g Spinat, 1 l Fleischbrühe, 3 Eigelb, Salz und Pfeffer, Muskatnuß

Garnitur: 1½ Tassen kleine Weißbrotwürfel, 50 g zerlassene Butter, 3 Knoblauchzehen, feinst zerdrückt

Zunächst werden die Weißbrotwürfel in dem Gemisch aus Butter und Knoblauch mehrfach gewendet und anschließend in der Röhre bei 50–60° trocken geröstet. Dann wird der Spinat in der Fleischbrühe kurz weich gekocht und durchpassiert oder (heute besser) im Mixer püriert. Nun rührt man mit dem Schneebesen die Eidotter in die heiße, aber nicht kochende Suppe, die auch nicht mehr aufkochen darf.
Zuletzt wird die Suppe mit Salz, Pfeffer und Muskatnuß gewürzt und mit den aufgestreuten, gerösteten Weißbrotwürfeln serviert.

Milzscheiben-Prüe

Suppe mit Einlage aus Milz

¾ l Rinderbrühe, 300 g geschabte Kalbsmilz, 60 g zerlassene Butter, ½ Tasse warme Milch, 1 Eigelb, 1 TL Zwiebel, feinst gehackt, 1 EL Majoran, getrocknet, 1 EL Petersilie, gehackt, 1 Msp Muskatblüte, Salz und Pfeffer nach Belieben, Semmelbrösel

Alle Zutaten außer der Brühe werden vermengt und mit so viel Semmelbrösel unterzogen, daß ein nicht zu fester Teig (wie für einen Leberknödel) entsteht. Diesen Teig formt man auf einem bemehlten Brett zu einer etwa 4 cm dicken Wurst, rollt ihn in ein gebuttertes Linnen, das man an den Enden abbindet. Diese Rolle gart man in leicht sprudelndem Salzwasser etwa 20 Min. Nach dem Erkalten wird die Rolle vorsichtig ausgewickelt und in fingerdicke Scheiben geschnitten.
Vor dem Servieren werden diese nochmals kurz in heißem Salzwasser auftemperiert, auf die Suppenteller verteilt und mit Fleischbrühe übergossen.

Muskatblüte: Die Muskatblüte, auch Macis oder Mazis genannt, ist die karminrote Blüte des Muskatstrauches, die getrocknet und pulverisiert wird.

Schmarollenknödel-Suppe

Suppe mit gebackenen Knödelchen

3 EL Mehl, etwa 110 g Milch, 35 g Butter, flüssig, Salz und Pfeffer, Muskatnuß, 2 Eier, Ausbackfett, ¾ l Fleischbrühe, gewürzt

Garnitur: gezupfte Kerbelblättchen

Das Mehl wird in eine Pfanne gesiebt und mit der Milch und der flüssigen Butter glattgerührt. Dann wird die Masse mit Salz, Pfeffer und Muskatnuß abgewürzt. Anschließend läßt man das Ganze unter stetem Rühren eindicken. Nun gibt man die Masse in eine Schüssel und arbeitet nach und nach die beiden Eier in den noch heißen Teig ein. Davon sticht man mit einem Teelöffel kleine Knödelchen ab, bäckt sie, heute am besten in der Friteuse, goldgelb und gart sie anschließend in leicht köchelndem Salzwasser.
Sobald sie auf der Oberfläche schwimmen, sind sie durch und können in der Fleischbrühe mit aufgestreuten Kerbelblättchen gereicht werden.

Die Muskatnuß: Die Muskatnuß, von der es etwa 100 Arten gibt, wächst auf bis zu 18 m hohen Bäumen in pfirsichartigen Fruchtschalen, die sich bei der Reife spalten und den Muskatkern freigeben. Dieser wird in getrockneter Form seit dem 12. Jahrhundert in Augsburg als Würzmittel verwendet. Am besten sind die Bande- und Siauw-Nüsse.

Saure Brodsuppen

Saure Brotsuppe, für 5 Personen

125 g Schwarzbrotbrösel, 1 l Fleischbrühe, 1 Msp Kardamom, etwas gemahlene Nelken, 1 Msp. Zimt, 2 gestrichene TL Zucker, Abgeriebenes einer halben Zitrone, 1 EL Zitronensaft, Salz und Pfeffer, 50 g Butter, ½ Tasse saure Sahne, ¼ Tasse trockener Riesling

Garnitur: 5 EL saure Sahne, Zimt zum Aufstreuen

Die Brotbrösel werden in der Fleischbrühe verkocht und durchpassiert. Dann wird die Suppe mit den übrigen Zutaten abgewürzt und vor dem Servieren mit der Sahne und dem Riesling abgeschmeckt. Zuletzt verteilt man die Suppe auf die Teller, überzieht sie mit je einem EL saurer Sahne, streut etwas Zimt darüber und serviert.

Wörsing Scheibchen-Suppe

Wirsingscheiben, als Suppeneinlage

¼ Wirsingkopf, mit ausgeschnittenem Strunk, 40 g Butter, 2 kleine Eigelb, etwa 1 EL Semmelbrösel, Salz und Pfeffer, 1 kleine Prise Zucker, 1 TL Kümmel oder etwas kleingeschnittene Schinkenwürfel, Schnee von 2 Eiweiß, 10 Min. aufgeschlagen, 80 g Butter, Fleischbrühe

Garnitur: gezupfte Petersilienblättchen

Die Wirsingblätter werden in leicht gesalzenem Wasser weich gekocht, dann fest ausgepreßt und nach dem Erkalten feinst gehackt. Nun wird der Wirsing püriert, mit dem Kümmel beziehungsweise mit den Schinkenwürfeln in Butter nochmals kurz nachgedünstet, vom Feuer gezogen, mit dem Eigelb gut verrührt und mit Salz, Pfeffer und einer kleinen Prise Zucker abgewürzt.
Ist die Masse zu locker, kann sie mit einem EL Semmelbrösel verfestigt werden. Zuletzt hebt man vorsichtig den Eischnee unter, füllt die Masse in eine gut gebutterte, flache Auf-

laufform, streicht die Oberfläche glatt und läßt dieses Halbsoufflé in der auf 170° vorgeheizten Röhre aufgehen.
Von dem Soufflé werden mundgerechte Scheibchen abgeschnitten und in der Fleischbrühe mit darübergestreuten, gezupften Petersilienblättchen gereicht.

Wasserschnalz'n

Wassersuppe

50 g Schweineschmalz, 1 große Zwiebel, fein gehackt, ¾ l Wasser, 1 TL Majoran, getrocknet, 1 TL Kümmel, 1 EL Liebstöckel, fein gehackt, Salz und Pfeffer, getrocknete Schwarzbrotschnitten

Die Zwiebeln werden im Schmalz goldgelb geröstet, mit Wasser aufgegossen, mit den übrigen Zutaten kurz aufgekocht und abgewürzt. Dann wird die Brühe auf die Teller verteilt und mit den gebähten Brotschnitten belegt.
In manchen Haushalten werden zur Geschmacksverbesserung gebräunte Zwiebeln über die Suppe gestreut.

Zetterlein-Suppe

Eine Art Einlaufsuppe

¾ l Fleischbrühe, gewürzt, 2 EL Mehl, 2 Eier, etwas Milch, Salzwasser, 1 EL Öl

Garnitur: 1 EL gelb geröstete Semmelbrösel, Muskatnuß, 1 EL Schnittlauch

Das Mehl wird mit der Milch und den Eiern zu einem etwas festeren Flädleteig angerührt. Dann bringt man das Salzwasser mit 1 EL Öl zum Kochen und läßt den Teig in einem dünnen Strahl, wenn nötig über einen Kochlöffelrücken, in das Kochwasser laufen, so daß kleine Klümpchen entstehen. Nach dem Aufschäumen seiht man die so erhaltenen Zetterlein ab, schreckt sie kurz ab und verteilt sie auf die Teller, die mit heißer, gewürzter Fleischbrühe aufgegossen werden.
Die Suppe wird mit Muskatnuß bestreut. In der Tellermitte wird sie vor dem Servieren mit Semmelbröseln und am Rand mit Schnittlauch überzogen.

Zwischengerichte

Artischockenblumen

4 Artischocken, Salzwasser

Die Artischocken werden gewaschen, die Stiele unten am Früchtekopf abgetrennt, die oberen Spitzen zurückgeschnitten, damit sie wie Blumen aussehen. Dann werden sie 40 Min. in kochendem Salzwasser gegart, bis sich die Blätter ausziehen lassen.
Auf jeden Teller kommt eine heiße Artischocke, dazu reicht man zwei Soßen, die Estragonsoße, s. S. 136, und die Kräutersoße, s. S. 139. Nicht nur die vom Stroh befreiten Böden, auch die Fleischansätze der Blätter munden mit diesen Soßen hervorragend.
Dies ist ein feines Gemüse-Zwischengericht.

Artischocken: Im Jahre 1540, als selbst in Frankreich diese edle Frucht noch unbekannt war, wurde dieses aus Sizilien eingeführte Distelgewächs bereits versuchsweise in Augsburg angebaut. Obgleich zu dieser Zeit im süddeutschen Raum ein so mildes Klima wie heute in Meran herrschte, war es für den Artischockenanbau aber dennoch zu rauh. So kamen in der Folgezeit die Früchte mit den kleinen Köpfen, von denen nur die Böden eßbar sind, aus Italien und Spanien. Später wurden dann die großen Artischocken, bei denen auch das Unterteil der Blattschuppen eßbar ist, aus der südfranzösischen Camargue eingeführt. Dort wachsen diese Pflanzen bis zu 2 m hoch.

Austern-Pastetchen

2 Scheiben Blätterteig (heute fertig gekauft), etwas Backfett, 8 Austern, 4 TL Austernwasser, 4 TL zerlassene Butter, 2 TL Zitronensaft, 1 TL Petersilie, fein gehackt, 1 gestrichener TL getrockneter Kerbel, fein verrieben, 1 gestrichener TL getrockneter Estragon, fein verrieben, 1 gestrichener TL Muskatblüte, 2 TL Semmelbrösel, 25 g Butter für die Förmchen

Der Blätterteig wird etwa 2 mm dick ausgerollt, so daß man kleine, ovale, gut ausgebutterte Backförmchen auslegen kann. Diese werden gefüllt mit je 2 Austern, 1 TL Austernsaft, 1 TL zerlassener Butter, ein paar Tropfen Zitronensaft, etwas Petersilie, Kerbel, Estragon, Muskatblüte und etwa ½ TL Semmelbrösel. Dann läßt man die Pastetchen in der auf 170° vorgeheizten Röhre kurz backen, so daß der Teig durchgebacken und die Austern innen noch roh sind.
Zum Servieren werden sie aus den Förmchen gehoben.

Austern: Diese edlen Muscheltiere leben in 2–50 m Meerestiefe, sind mit 3–4 Jahren marktreif und werden bei Ebbe von Hand mit dem Rechen oder in größeren Tiefen mit

Scharr- und Grundschleppnetzen geerntet. Früher wurden sie in den Wintermonaten in Fässern mit +2° bis +8° kaltem Meerwasser über Hunderte von Kilometern transportiert. So kamen von Holstein die ungleichdeckligen „Ostrea edulis", von Belgien und Holland die großen „Impériales" oder „Zeelands" und vom Mittelmeer die salzigen „Bouzigues" nach Augsburg. Da Austern bei der obengenannten Temperatur nur etwa 8 Tage genießbar bleiben, war die Anfahrt für die feinen „Whitestables" und „Colchester" wie auch für die berühmten „Belons" der Bretagne zu weit.
Ist eine Auster offen, so klopft man an die Schale. Schließt sie sich, ist sie in Ordnung. Bleibt sie jedoch geöffnet, darf sie nicht verzehrt werden, da sie verdorben ist. Werden Austern weiterverarbeitet, fängt man das Austernwasser auf, um sie darin zu pochieren. Außerdem entfernt man den dunklen Fleischrand, der erwärmt bitter schmeckt. Um zu verhindern, daß Austern durch Erhitzen hart und zäh werden, darf man sie nur 1–2 Min. bis höchstens 65° auftemperieren, so daß sie innen noch roh sind.

Eyer à la Hugenotte

Gebratene Eier

80 g Butter, 5 Eier, 3 EL kalter, konzentrierter Bratensaft vom Lamm, Rind oder Schwein, 1 gestrichener TL Muskatnuß, Salz und Pfeffer nach Belieben

Zunächst läßt man die Butter in einer kleineren, höherwandigen Stielpfanne (mit ca. 10 cm Durchmesser) zergehen. Dann werden die rohen Eier mit den übrigen Zutaten vermengt, in die schäumende Butter gegeben und, am besten im Feuer, gebraten. Durch den Räuchereffekt des Feuers schmecken die Eier besonders herzhaft.

Austern vom Rost

24 Austern, Salz und weißer Pfeffer, Fleisch einer Zitrone, in 4×4 mm große Würfelchen geschnitten
Zum Übergießen: 6 EL zerlassene Butter, geklärt, 3 EL Olivenöl, 2 TL Zitronensaft, 1 kleine Prise Zucker

Die Austern werden geöffnet, und ihr Fleisch wird von den Unterschalen gelöst. Dieses wird mit der Fleischgabel einige Male eingestochen und zusammen mit dem Austernwasser wieder in die unteren Schalen gegeben. Nun bestreut man die Austern mit etwas Salz und

frisch gemahlenem Pfeffer, gibt zu jeder Auster 3–4 Zitronenwürfelchen und übergießt sie mit je 1 TL des Gemischs, das aus Butter, Olivenöl, Zitronensaft und wenig Zucker angerührt wurde.
So vorbereitet kommen die Austern auf den Rost, ersatzweise für 3 Min. in die auf 220° vorgeheizte Röhre.
Dazu wird Kräuterbrot, s. S. 180, gereicht.

Baura-Oirigs

Eier mit Speck, Brot und Käse gebacken

80 g geräucherter Speck, in kleine Würfel geschnitten, 4 EL kleine, harte Weißbrotwürfel, 60 g Emmentaler, in kleine Würfel geschnitten, 50 g Butter, 4 Eier, 2 EL Sahne, Salz und Pfeffer

Garnitur: 1 EL Schnittlauch, geschnitten

Die Speckwürfel werden mit den Weißbrotwürfeln in der Pfanne so lange gebraten, bis das auslaufende Bratfett von den Brotwürfeln aufgenommen worden ist. Diese Speck-Bratwürfel kommen in eine kleine, dick ausgebutterte, feuerfeste Glasschüssel. Darüber streut man die Käsewürfel und übergießt das Ganze mit dem etwas aufgeschlagenen und gewürzten Eier-Sahne-Gemisch. In der auf 170° vorgeheizten Röhre läßt man die Eier unabgedeckt etwa 20–25 Min. backen.
Sie werden mit Schnittlauch garniert gereicht.

Emmentaler-Schnitzel

Fritierte Käsescheiben

4 kleinfingerdicke Scheiben harter Emmentaler Käse, 1 Ei, mit einigen Wassertropfen verquirlt, 1½ Tassen Semmelbrösel, Salz und Pfeffer, Fritierfett

Zunächst werden die Semmelbrösel mit Salz und Pfeffer gewürzt, dann werden die entrindeten Käsescheiben mit dem Ei und den Semmelbröseln paniert und in der Friteuse goldgelb gebacken, so daß die Panade außen rösch und der Käse innen weichflüssig ist.
Dazu reicht man grünen Salat.

Emmentaler oder Schweizer Käse: Das obenstehende Gericht dürfte in Augsburg vor 170 Jahren kreiert worden sein, da der Emmentaler Käse erst Anfang des 19. Jahrhunderts in der Schweiz erfunden wurde. Kurz darauf, 1821, stellte dann Aurel Stadler in Weiler/Allgäu den gleichen Käse her, dessen Nachahmungen heute als Schweizer Käse im Handel sind. Für die Herstellung von einem dieser großen Käselaibe sind 1200 l Milch erforderlich. Sie darf nur von Kühen stammen, die mit Grünfutter und Heu, auf keinen Fall aber mit Silofutter ernährt wurden, da der Käse sonst gären würde.

Falsche Austern in Schaale

In Austernschalen gebackenes Kalbsbries (Abb. S. 69)

175 g Kalbsbries, ⅓ Matjeshering, zu Mus zerhackt, 3 TL Butter, weich, 1 Schalotte, feinst püriert, Zitronensaft nach Belieben, etwas Zitronenschale, feinst gehackt, 2–3 TL Semmelbrösel, ca. 20 Austernschalen

Das Kalbsbries wird etwa 8 Std. in kaltes Wasser eingelegt, dann entnommen und in frischem, kalten Wasser auf dem Herd zum Kochen gebracht, wo man es 3 Min. köcheln läßt. Anschließend legt man es sofort wieder in kaltes Wasser. So lassen sich die Haut- und Knorpelteile leicht entfernen. Nun wird das Bries in Salzwasser weich gedünstet und in austerngroße Scheibchen geschnitten.
Alle übrigen Zutaten werden zu einer weichen Paste verknetet und abgeschmeckt. Von dieser Masse streicht man in jede Austernschale eine dünne Schicht. Darauf legt man die Briesscheiben und bestreicht diese wiederum auf der Oberseite mit der restlichen Paste. Nun gibt man die Austernschalen in die auf etwa 80° erhitzte Backröhre und läßt sie heiß werden, so daß sie gereicht werden können.

Gebackene Sardellen

20 Sardellen
Ausbackteig: 90 g Mehl, etwa 80 g Weizenbier, 1 TL Öl, Salz, 1 Eiweiß, 10 Min. steif geschlagen, Ausbackfett

Für die Herstellung des dickflüssigen Ausbackteiges sind alle Zutaten zu vermengen. Er sollte sich beim Eintauchen der Sardellen messerrückendick an die Fische anlegen. Der Ausbackteig muß sofort verwendet werden. Vorher wässert man die Sardellen und tupft

sie ab. Dann werden die Fische nacheinander durch den Ausbackteig gezogen und im heißen Fett (heute in der Friteuse) goldgelb gebacken.
Dazu gibt es grünen Salat.

Falscher All

Eine Art gebackener Brätstrudel

Teig: 50 g Mehl, 50 g Milch, 1 Ei, Salz und weißer Pfeffer, 1 Msp Muskatnuß, 30 g Butter
Füllung: 300 g Kalbsbrät, 60 g Sahne, 1 Ei, 1 EL Semmelbrösel, 1 EL Petersilie, gehackt, Abgeriebenes einer halben Zitrone, 3 TL Majoran, getrocknet, 2 TL Zitronensaft, Salz und Pfeffer
Panade: 1 Ei, mit einigen Wassertropfen verquirlt, 3 EL Semmelbrösel, mit 2 TL geriebenem Parmesankäse vermengt, Ausbackfett

Garnitur: 4 Zitronenscheiben, 2 TL Kapern

Zunächst wird das Brät mit der Sahne glattgerührt. Dann fügt man das Ei, die Semmelbrösel, Petersilie, Zitronenschale sowie den Majoran mit dem Zitronensaft hinzu und würzt mit Salz und Pfeffer ab.
Anschließend wird aus den Teigzutaten ein Pfannkuchenteig angerührt, aus dem man zwei Pfannkuchen bäckt. Die noch heißen Kuchen werden sofort gleichmäßig dick mit dem Brät bestrichen, eingerollt und in 5 cm lange Stücke geschnitten.
Diese werden auf allen Seiten im Ei und in der Panade gewendet und in heißem Fett (heute Friteuse) goldgelb gebacken.
Man serviert sie mit Zitronenscheiben und aufgestreuten Kapern.

Gepratten Millich

Gestockte Rühreier

6 Eier, 1 Msp Safran, gemahlen, Salz und Pfeffer, 1 EL Schnittlauch, geschnitten, Butter für die Form, 1 Tasse heißes Schweineschmalz, etwas Butter

Die Eier werden unter Zugabe des Schnittlauchs mit dem Safran, Salz und Pfeffer gewürzt, kurz aufgeschlagen und in eine flache, gut ausgebutterte Form gegossen. Diese stellt man abgedeckt in ein heißes Wasserbad und läßt die Masse in der auf 140° vorgeheizten Röhre

unabgedeckt stocken. Von der gestockten Eimasse werden mundgerechte Stücke abgeschnitten, einzeln auf Spieße gesetzt, ins heiße Schweineschmalz getaucht und über offenem Feuer nochmals kurz gebraten.
Früher wurden sie mit Ingwerpulver bestreut serviert.

Gerührte Sparsel-Eyr

Spargel in gebratenen Eiern

4 Eier, 1/8 l Sahne, Salz und Pfeffer, 70 g Butter, flüssig, zum Braten, 750 g Spargel

Garnitur: 1 EL Schnittlauch, geschnitten

Der Spargel wird geschält, in mundgerechte Stücke geschnitten und im Salzwasser gekocht, aber nur so lange, daß er noch knackig bleibt. Danach wird er gut abgetropft. Dann verrührt man die Eier mit der Sahne, würzt mit Salz und Pfeffer ab, gibt den gut abgetropften Spargel in die Eimasse und brät diese unter Rühren bei mittlerer Hitze, bis die Eimasse stockt. Zum Servieren wird das Gericht mit Schnittlauch bestreut.

Spargel: Schon die alten Ägypter waren vor 3000 Jahren vom Spargel so angetan, daß sie sich dieses Gemüse noch bündelweise mit ins Grab legen ließen. Doch kultiviert wurde der Spargelanbau erst durch die Römer. Es wird berichtet, daß sie auch im Augsburger Raum versuchsweise Spargelfelder anlegten, wegen des hohen Arbeitsaufwandes aber dann davon wieder abkamen. So kam dieses leicht verdauliche Frühgemüse erst im 16. Jahrhundert in Augsburg auf den Markt.

Hirn Krepfflen

Knusprig fritiertes Kalbshirn

4–5 EL Mehl, etwas Wasser, Salz und weißer Pfeffer, 3 Eigelb, Eischnee von 3 Eiern, 1 Kalbshirn, Ausbackfett

Garnitur: 1 Sträußchen krause Petersilie

Das Mehl wird mit lauwarmem Wasser und Salz zu einem dickflüssigen Teig angerührt, den man 1–2 Stunden quellen läßt. Dann werden die 3 Eidotter eingerührt, und der steifgeschlagene Schnee wird vorsichtig untergehoben.

In der Zwischenzeit legt man das Hirn so lange in kaltes Wasser, bis kein Blut mehr auszieht. Anschließend kommt es für 7 Min. in heißes und dann sofort wieder in kaltes Wasser. Dadurch lassen sich die Häute aus den Gehirngängen leichter entfernen. Nun wird das Kalbshirn in kleine, mundgerechte Stücke geschnitten und mit Salz und Pfeffer gewürzt. Vor dem Servieren taucht man die Fleischstücke in den Ausbackteig und bäckt sie (heute am besten in der Friteuse) goldgelb aus.
Dazu werden die gleichfalls in der Friteuse gebackenen Petersilienstiele gereicht.

Hönner-Basteten in ordinärem Teig

Heiße Hühnerpastete in einfachem Mürbteig, für etwa 8 Personen

Teig: 600 g Mehl, 150 g Butter, 150 g Schweineschmalz, 2 Eier, 12 g Salz, etwas Wasser.
Farce: 400 g Kalbfleisch, abgelagert, 350 g Rindernierenfett (Griff), 3 altbackene Semmeln, in Milch eingeweicht und gut ausgepreßt, 3 Eigelb, 1 EL Petersilie, fein gehackt, 1 EL Basilikum, fein gehackt, 1 EL Schalotten, fein gehackt, Abgeriebenes einer halben Zitrone, 2 TL Zitronensaft, Salz und weißer Pfeffer, 1 gestrichener TL Ingwer, feinst gerieben
Einlage: 1 rohes Brathuhn, geviertelt und entbeint, Salz und weißer Pfeffer, 80 g Schweinespeck, klein gewürfelt, 70 g Butter, 1 TL Mehl, 4 Tassen Wasser, besser Fleischbrühe, 5 Sardellen, 1 Lorbeerblatt, 1 EL Lauch, kleingeschnitten, 1 EL Sellerie, kleingeschnitten, ½ Zitronenschale, 1 gestrichener TL Muskatblüte

Zunächst ist der Mürbteig zu bereiten, indem man die Zutaten mit etwas Wasser zu einem festen Teig (wie Nudelteig) knetet und diesen 1 Std. ruhen läßt. Für den Boden und die Wände sollte der Teig dann etwa 6 mm, für den Deckel 3 mm dick ausgerollt werden.
Nun wird die Farce bereitet. Dazu werden Fleisch, Fett und die eingeweichten Semmeln zweimal feinst durch den Fleischwolf gedreht und mit den übrigen Zutaten vermengt beziehungsweise abgewürzt.
Dann werden die entbeinten Hühnerviertel in kaltes Wasser gelegt, aufgekocht und, sobald der Sud aufwallt, entnommen. Anschließend werden sie mit Salz und Pfeffer gewürzt und in einer anderen Kasserolle in schäumend heißer Butter unter Zugabe der Speckwürfel 12–15 Min. abgedeckt gedünstet. Der Kochsud vom Huhn wird nicht mehr benötigt.
Schließlich bestäubt man die Fleischstücke in der Pfanne mit Mehl und wendet sie mehrfach, bis das Mehl vom Fett aufgenommen ist. Dann werden 4 Tassen Wasser oder Fleischbrühe aufgegossen, dazu gibt man die Sardellen, das Lorbeerblatt, den Lauch und Sellerie sowie die Zitronenschale und Muskatblüte. Diese Fleischpfanne sollte etwa ½ Stunde abgedeckt kochen.

Im Anschluß daran legt man eine gut ausgebutterte Pastetenform mit dem Mürbteig so aus, daß der Teigrand oben auf allen Seiten 2 cm übersteht. Der fest angedrückte Boden wird fingerdick mit der Farce belegt, worauf eine Schicht ausgebeintes, enthäutetes Hühnerfleisch kommt. Die Schicht Hühnerfleisch wird mit 2 EL des Kochsudes überzogen. Nun folgen, immer abwechselnd, noch zwei Schichten Farce und eine Schicht Huhn, so daß die oberste Schicht aus Farce besteht.
Die oberste Lage bedeckt man mit dem Teigdeckel, aus dem zwei kleine runde Luftlöcher ausgestochen wurden. Diesen verbindet man ringsum mit den hochstehenden Teigenden, biegt sie nach außen und steckt sie zwischen Form und Teigwand. Der Deckel läßt sich hübsch verzieren, man kann aus Teigresten Zierate ausstechen und mit Eiweiß aufkleben. Zuletzt bestreicht man die Pastete mit Eigelb und bäckt sie in der Röhre bei 170° goldgelb.
In der Zwischenzeit kocht man den zweiten Kochsud, in dem die Hühnerteile gedünstet wurden, auf etwa 1½ Tassen Flüssigkeit ein, seiht ihn ab und würzt ihn nach. Man kann auch noch einige eisgekühlte Butterflocken einrühren.
Die Pastete wird mit dieser Soße heiß serviert.
Verwendet man statt Griff grünen Schweinespeck, so kann die Pastete auch kalt genossen werden.
Anmerkung: Wenn die ausgebutterte Pastetenform mit am Rand hochstehender Alufolie ausgelegt und diese noch ausgebuttert wird, läßt sich die gebackene Pastete leichter aus der Form heben.

Hirnpudding

½ Kalbshirn, Salzwasser, 1 altbackene Semmel, geschnitten, 1 Tasse heiße Milch, 30 g Butter, 2 Eigelb, 2 Eiweiß, 1 Prise Salz, 1 EL feinst gehackter Lauch, blanchiert, 1 EL Petersilie, gehackt, 1 TL Zwiebel, gehackt, Salz und Pfeffer, 1 gestrichener TL Muskatnuß, 1 TL Zitronensaft, 50 g Butter

Garnitur: einige ganze Petersilienblätter

Das Kalbshirn legt man vorab eine Stunde in kaltes Wasser, damit das restliche Blut ausläuft. Dann wird es in Salzwasser kurz aufgekocht, nochmals in kaltes Wasser gelegt und von Adern und Häuten gesäubert. Sobald es abgekühlt ist, wird das Hirn in kleine Würfel geschnitten.
In der Zwischenzeit werden die Semmelschnitten in der heißen Milch eingeweicht und ausgepreßt. Die restliche Milch wird abgegossen. Nun rührt man die Butter mit den 2 Eidottern schaumig, zieht die Hirnwürfel, die gut ausgepreßten Semmelschnitten mit den Kräutern unter und würzt mit Salz, Pfeffer, Muskatnuß und Zitronensaft. Zuletzt wird das Ei-

weiß mit einer Prise Salz 10 Min. steif geschlagen und mit dem Schneebesen der Masse untergehoben. Diese füllt man anschließend in kleine, ausgebutterte Pastetenförmchen und bäckt sie im Wasserbad in der auf 180° vorgeheizten Röhre.
Die kleinen Puddings werden zum Servieren auf Teller gestürzt und mit Petersilienblättchen garniert.

Kalbs-Gekrös

Kuttelfleck

500 g Kutteln, vorgekocht, 1 EL Mehl, 70 g Butter, 4 Tassen Fleischbrühe, 1 Tasse Rotwein, 1 Tasse Sahne, 3 EL Rotweinessig, 2 EL geröstete Zwiebeln, 3 Lorbeerblätter, 15 Nelken, 10 Wacholderbeeren, zerdrückt, ½ Zitrone, gescheibt, 1 TL Johannisbeergelee, Salz und Pfeffer

Zunächst wird das Mehl in einer Pfanne bei mittlerer Hitze ohne Fett trocken vorgebräunt. Dann rührt man das vorgebräunte Mehl in die schäumend heiße Butter, die man in einem Topf hat zergehen lassen, und löscht die Mehlschwitze mit 4 Tassen Fleischbrühe ab. Dazu gibt man den Wein, die Sahne, den Essig, die Zwiebeln, Lorbeerblätter, Nelken, Wacholderbeeren, Zitronenschalen sowie das Johannisbeergelee und läßt das Ganze auf die gewünschte Konsistenz einkochen. Danach wird die Soße durchpassiert, abgewürzt und eventuell noch mit etwas Essig abgeschmeckt.
Die vom Fleischer vorgekochten Kutteln werden in dünne Streifen geschnitten, in Salzwasser kurz aufgekocht, heiß abgespült und 10 Min. in die Soße eingelegt, damit sie deren Geschmack annehmen.
Zu Kuttelfleck reicht man Semmelknödel.

Krauttascha

Mit Kraut gefülltes Blätterteiggebäck

2 Scheiben Blätterteig (heute fertig zu kaufen), 20 g Backfett, 6–8 Weißkrautblätter, ohne Strunk, kleingeschnitten, etwa 1 Tasse Sahne, Salz und Pfeffer, 2 Eigelb, 1 Eiweiß, 100 g wacholdergeräucherter, gekochter Schinken, in Streifen geschnitten

Die Blätterteigscheiben werden 2–3 mm dick ausgerollt, in jeweils 2 Quadrate geschnitten, auf ein gefettetes Backblech gelegt und die Ränder der Quadrate mit Eiweiß bepinselt. Nun dünstet man das Weißkraut unter Zugabe von Salz und Pfeffer in der Sahne weich und preßt es gut aus. Danach vermengt man es mit 1 Eigelb sowie den Schinkenstreifen und häuft die Weißkraut-Schinken-Mischung auf jeweils eine Hälfte der Teigscheiben. Dann werden die Teigscheiben zusammengeklappt, mit Eigelb bestrichen und in der 170° heißen Röhre etwa 8–10 Min. gebacken.

Pudding von Kalbsfüßen

3 Kalbsfüße, 1 EL enthäutetes Nierenfett oder Knochenmark, 3 Lorbeerblätter, 1 EL Petersilie, fein gehackt, 1 EL Schnittlauch, fein gehackt, 2 Schalotten, fein gehackt, 2–3 Eier, 80 g Sahne, etwa 3/4 Tasse Semmelbrösel, Salz und Pfeffer, Abgeriebenes einer halben Zitrone, 1 gestrichener TL Muskatblüte, 70 g Butter

Die Kalbsfüße setzt man in kaltes Wasser und läßt sie 3 Min. aufkochen, damit der Schmutz aus den Poren entfernt wird. Dann werden die Füße gründlich abgewaschen und erneut in leicht gesalzenem Wasser mit den Lorbeerblättern weich gekocht.
Das Fleisch wird von den Knochen gelöst und gut zerkleinert. Auch das rohe Nierenfett oder Knochenmark wird kleingehackt. Nun vermengt man alle Zutaten außer der Butter und würzt mit Salz, Pfeffer und Muskatblüte.
Anschließend bestreicht man eine Stoffserviette dick mit Butter, legt sie in eine Schüssel und füllt die Puddingmasse ein. Nachdem die Serviette gut verschnürt ist, legt man sie in köchelndes Salzwasser, worin der Pudding abgedeckt, etwa 1 Std. ziehend, stocken soll. Zum Servieren wird der heiße Pudding gestürzt und mit Kapernsoße, s. S. 137, gereicht.

Seite 49: Kräuter-Eyr (Rezept Seite 23)
Seite 50: Geigenknödelsuppe (Rezept Seite 29)

Krautwürscht

Krautwürste

7 Weißkrautblätter, Salz und Pfeffer nach Belieben, 1 EL Mehl, 1 kleines Ei, 2 EL Semmelbrösel, Backfett

Die Krautblätter werden in Salzwasser gar gekocht und die Strünke herausgeschnitten. 4 schöne Blätter breitet man auf dem Tisch aus. Die 3 weniger schönen Blätter hackt man klein und breitet sie auf den anderen Blättern aus. Dann wird gewürzt, und die Ränder werden mit Ei bepinselt. Danach wird jedes Krautblatt eng zusammengerollt. Die so erhaltenen Würstchen werden auf eine beliebige Länge geschnitten, mit Mehl bestäubt, in Ei und Semmelbrösel gewendet und in heißem Fett schwimmend (heute besser in der Friteuse) goldgelb gebacken.
Man kann die Füllmasse auch mit Ei und etwas Semmelbrösel binden.

Prätling vol Flecken

Käseauflauf mit Korinthen (kleine Weinbeeren ohne Kerne)

50 g Butter, 50 g Mehl, ⅓ l Milch, 5 Eigelb, 5 Eiweiß, 1 Prise Salz, 100 g Emmentaler, gerieben, Salz und Pfeffer, etwas Muskatnuß, 1 EL Korinthen, 2 Std. in Kirschwasser eingelegt, 30 g Butter für die Förmchen

Die Butter wird zerlassen, das Mehl eingerührt, mit Milch abgelöscht, der Emmentaler Käse zugegeben und das Ganze kurz aufgekocht. Dann zieht man den Topf vom Feuer, rührt nacheinander die Eidotter und Korinthen ein und würzt mit Salz, Pfeffer und Muskatnuß. Zuletzt wird das Eiweiß mit einer Prise Salz 10 Min. steif geschlagen und der Masse untergehoben, die man nun in gut ausgebutterte Förmchen gießt. Das Ausbacken erfolgt in der auf 180° vorgeheizten Röhre.
Da die Masse beim Ausbacken aufgeht, dürfen die Förmchen nur zu zwei Dritteln gefüllt werden.

Seite 51: Goldwürfel-Suppe (Rezept Seite 32)
Seite 52: Kapaunen-Leber-Prüe (Rezept Seite 33)

Schnittling-Eyerpolster

Würziger Eierkuchen

2 altbackene Semmeln, etwa 3 mm dick geschnitten, 2 Tassen heiße Milch, 6 Eier, 150 g gekochter Schinken oder Fleischreste, in Streifen geschnitten, 2 EL Schnittlauch, Salz und Pfeffer, etwas Cayennepfeffer, 1 gestrichener TL Muskatnuß, 50 g Schweineschmalz

Garnitur: 2 EL Schinkenwürfel, angeröstet, etwas grob gestoßener Pfeffer

Die Semmelschnitten werden in heißer Milch kurz aufgeweicht, die übrige Milch ist abzugießen. Nun verrührt man mit dem Schneebesen die Eier, gibt die Schinkenstreifen oder Fleischreste, den Schnittlauch, Salz, Pfeffer, Cayennepfeffer und Muskatnuß hinzu und unterhebt zuletzt noch, möglichst einzeln, die gut abgetropften Semmelschnitten. Dann wird eine flache feuerfeste Form mit Schmalz ausgestrichen, die Masse eingefüllt und in der Röhre bei 160° gebacken, bis die Masse stockt.
Der Eierpolster kommt in der Backform, mit aufgestreuten, angerösteten Schinkenwürfeln und grob gestoßenem Pfeffer dekoriert, heiß auf den Tisch.

Rothe Krebskrepfflen in Dillsoße

Rote Krebsknödel in Dillrahm

15 lebende Krebse, gründlichst gebürstet, 3 l Salzwasser, 125 g Butter, weich, 2 Eier, etwa ⅓ Tasse Milch, warm, etwa 125–150 g Semmelbrösel, 2 TL Zitronensaft, 1 Sträußchen Dill, kleingehackt, 1 EL Schnittlauch, kleingehackt, 1 Msp Muskatblüte, Salz und Pfeffer

Die gewaschenen Krebse werden nacheinander mit dem Kopf voran 1–2 Min. in kochendes Salzwasser getaucht, bis sie mit einem kräftigen Schlag die Schwanzflosse nach innen drehen. Anschließend werden sie sofort herausgenommen. Nun wird das Fleisch aus den Scheren und Körpern gelöst, von den Därmen befreit und kleingeschnitten. Die bittere Galle im Vorderteil des Brustpanzers ist zu entfernen. Das Salzwasser wird später noch benötigt.
Anschließend stößt man die Schalen möglichst klein, vermengt sie mit der Butter und läßt diese Mischung bei Raumtemperatur 1 Std. durchziehen. Dann kommt diese Schalenbutter in eine nicht zu heiße Pfanne, in der die Schalen unter Rühren so lange rösten müssen, bis die Butter die rötliche Schalenfarbe angenommen hat. Nun wird sie durch ein Linnen gepreßt und aufgefangen.
Die verbliebenen Schalen werden in dem aufbewahrten Salzwasser nochmals 10 Min. aus-

gekocht, ehe dieser Sud durchpassiert wird und die Schalen entfernt werden. Zuletzt vermengt man das kleingeschnittene Krebsfleisch und die flüssige Krebsbutter mit allen übrigen Zutaten zu einem nicht zu festen Teig, aus dem kleine Knödel abgestochen und im aufgehobenen Krebs-Salzwasser so lange gegart werden, bis sie oben schwimmen.
Man kann diese Krebsknöpflein als Zwischengericht in einer Dillsoße, s. S. 135, oder auch als Suppeneinlage in einer klaren Fischsuppe reichen.

Krebse: Krebsweibchen tragen die im Winter in großen Mengen gelegten Eier so lange an der Unterseite ihres Leibes, bis die Jungkrebse in den Eiern erhärten. Der in der Augsburger Gegend vorkommende Edel- oder Bachkrebs häutet sich nach dem Ausschlüpfen, als Jungkrebs, im Jahr achtmal, um nicht in seinem Panzer zu ersticken. Im zweiten Jahr häutet er sich noch fünfmal, und ab dem vierten Jahr, mit Eintritt der Geschlechtsreife, wechselt er den Panzer jährlich nur noch einmal. Mit 4 Jahren ist er etwa 10 cm lang. Ein 15 cm langer, 110–125 g schwerer Krebs ist ungefähr 12 Jahre alt. Krebse können verlorene Glieder ersetzen.

Zelleri paniert

Fritierte Selleriescheiben (Abb. S. 70)

4 fingerdicke Scheiben Sellerie, Salz und Pfeffer, 2 EL Mehl, 1 Ei, verquirlt, 4 EL Semmelbrösel, Ausbacköl

Die Selleriescheiben läßt man in Salzwasser garen und gut abtropfen. Dann werden sie noch warm abgetupft, mit Salz und Pfeffer gewürzt, in Mehl, verquirltem Ei und Semmelbröseln gewendet und in der Pfanne (heute besser in der Friteuse) goldgelb gebacken und heiß serviert.
Dazu passen grüne Salate oder Rotkrautsalat.

Fleisch

Abgebräunte kälberne Haxn

In Kräutern gedünstete, panierte Kalbshaxe

1 Kalbshaxe, ¾ l Wasser, 2 EL Sellerie, geschnitten, 2 EL Lauch, geschnitten, 1 EL Karotten, geschnitten, 1 EL Liebstöckl, geschnitten, 2 Lorbeerblätter, ½ Zitrone, 1 Zwiebel, 3 Knoblauchzehen, Salz und Pfeffer, 3 EL Mehl, 2 Eier, mit einigen Tropfen Wasser vermengt, 2 Tassen Semmelbrösel, 125 g Butter, geklärt

Garnitur: 1 Zitrone, geviertelt, 1 EL Schnittlauch

Die mit Salz und Pfeffer gewürzte Kalbshaxe läßt man mit Wasser, den Kräutern und Gewürzen (heute am besten im Schnellkochtopf) weich kochen. Dann wird sie ausgebeint, in fingerdicke Portionsscheiben geschnitten, eventuell mit Salz und Pfeffer nachgewürzt, in Mehl, Ei und Semmelbröseln gewendet und in schäumend heißer Butter von allen Seiten gebräunt.
Will man dazu eine Soße, so wird der Kochsud auf die erwünschte Menge eingekocht, durchpassiert und zuletzt mit etwas Sahne, Butter, Salz, Pfeffer und einem Schuß Weißwein abgeschmeckt.

Augsburger Lungenwürste

Eine Art Weißwurst, ergibt etwa 50 Würste à 125 g

3,5 kg Bullenfleisch, körperwarm, maximal 1 Std. nach dem Schlachten warm verbrätet, 1 kg Kalbskopf, ausgelöst, 1,5 kg Schweinespeck, abgekühlt auf +2°, 500 g Schweineschwarten, etwa 2 kg Eis, 170 g Salz, 17 g weißer Pfeffer, 3 g Macisblüte, 1,5–2 g Ingwerpulver, 1 Zwiebel, geschnitten, 3 Bund Schnittlauch, gehackt, 3 Bund Petersilie, gehackt, Abgeriebenes einer drittel Zitrone
Zweite Schweinsdärme oder Rinderkranzdärme

Zuerst wird das noch körperwarme Bullenfleisch mit dem Kalbskopf durch den Fleischwolf gedreht. Anschließend wird auch der Schweinespeck mit den kleingeschnittenen Schwartenstücken durchgedreht und separat gelagert. Nun muß der Kutter mit Eiswasser vorgekühlt werden. In der Zwischenzeit läßt man das Eis durch die Schnecke, dann wird das durchgedrehte Bullen- und Kalbskopffleisch unter vorsichtiger Zugabe von etwas Eis vorgekuttert und entnommen.
Danach wird auch die durchgedrehte Masse von Speck und Schwarten mit wenig Eis so lange vorgekuttert, bis der Fleischteig geschmeidig, bindig, aber nicht warm ist. Anschlie-

ßend kuttert man das vorgebrätete Bullen- und Kalbskopffleisch und das Eis langsam dazu. Danach arbeitet man die Gewürze und Kräuter sowie etwas Eiswasser ein, dadurch wird das Wurstbrät schön hell und sämig.
Das so erhaltene Brät wird in gut gereinigte Därme abgefüllt, die kettenartig abgebunden werden. Diese Rohwürste dürfen nur in maximal 70°–72° heißem Wasser garen, da sie bei höheren Temperaturen aufplatzen würden.
Die Augsburger Lungenwürste werden vor dem Auftragen nochmals erhitzt und heiß serviert.

Augsburger Lungenwürste: Diese weißwurstartigen, saftig schmeckenden Lungenwürste gab es nur in Augsburg. Man gab sie gerne auch Kranken. Diese heiß zu genießenden Würste wurden Anfang des 20. Jahrhunderts von der Augsburger Fleischerfachschule als Gegenstück zu den Münchner Weißwürsten kreiert und waren wegen des Anteils von 30 Prozent gekochten Sehnen sehr preisgünstig. Aus verschiedenen Gründen habe ich in der angeführten Rezeptur auf diesen Sehnenanteil verzichtet. Infolge des nach dem Krieg gestiegenen Qualitätsanspruches wurde die Augsburger Lungenwurst von der Münchner Weißwurst gänzlich verdrängt.

Einpökeln von Rind- und Schweinefleisch

Einpökeln: 10 kg frisch geschlachtetes, völlig abgekühltes Fleisch, ohne Bein, 500 g Salz, 35 g Salpetersalz (kann auch entfallen), 2 Zwiebeln, kleingehackt, 4 Lorbeerblätter, klein gestoßen, 20 Wacholderbeeren, klein gestoßen, 30 Pfefferkörner, etwas gestoßen, 2 EL Koriander, 1 EL Kümmel
Beize: 4 l Wasser, 250 g Salz

500 g Salz wird mit dem Salpeter, soweit man ihn verwenden will, vermengt. Damit werden die Fleischstücke, besonders, und das ist sehr wichtig, auch in den Fleischfugen gründlich eingerieben.
Dann bestreut man den Boden eines irdenen Gefäßes oder Holzfasses dünn mit diesem Salz und schichtet darauf, ohne Zwischenräume, eng aneinandergepreßt, die Fleischstücke. Diese bestreut man mit Zwiebeln, Lorbeerblättern, Wacholderbeeren, Pfefferkörnern, Koriander und Kümmel. Darauf kommt die zweite Lage vorgesalzenes Fleisch, die ebenso mit Zwiebeln und Gewürzen bestreut wird. Die letzte und genauso gesalzene, gewürzte Lage Fleisch wird mit einem dicht schließenden Holzdeckel abgedeckt und mit drei sauber gewaschenen Pflastersteinen o. ä. beschwert, kühl abgestellt und 8 Tage gepreßt.
Nach dieser Zeit schichtet man das Fleisch um. Dann kocht man 4 l Wasser mit 250 g Salz zu einer Beizflüssigkeit auf, von der man nach dem Erkalten so viel über die Fleischstücke

gießt, daß die Flüssigkeit einige Zentimeter über dem Fleisch steht. Nun wird das Fleisch wieder abgedeckt, beschwert und 3 Wochen kühl gestellt. Während dieser Zeit sollte das Fleisch in der vorhandenen Beizflüssigkeit noch zweimal umgeschichtet werden.
Das so gebeizte Surfleisch kann ohne Nachwürzen und Abwaschen gebraten, geräuchert, gekocht oder eingeweckt werden.

Bohnenfleisch

Eintopf mit Hammel und Bohnen

400 g Hammelfleisch, abgelagert, 1 TL Oregano, 400 g Bohnen, 1 TL Bohnenkraut, 4 rohe Kartoffeln, kleingewürfelt, 3 EL Zwiebel, grob gehackt, Salz und Pfeffer, 125 g Butter, ¾ Tasse Fleischbrühe

Das Hammelfleisch schneidet man in etwa 5 mm dicke Scheiben und legt einen Teil, gewürzt und mit Oregano bestreut, in eine ausgebutterte, feuerfeste Form. Darauf kommt eine Schicht Bohnen, die mit Bohnenkraut, den gewürzten Kartoffelwürfeln und mit den gehackten Zwiebeln belegt wird. Hierauf kommt wieder eine Lage Hammelfleisch, dann Bohnen usw. Das Ganze wird mit einer ¾ Tasse Fleischbrühe übergossen und mit Butterflocken bestreut.
So soll das Bohnenfleisch abgedeckt garen, bis Fleisch und Gemüse weich sind. Man kann heute mit dem Schnellkochtopf die Kochzeit erheblich verkürzen und dabei die Vitamine schonen.

Brisetten

Gebratene Kalbfleischrollen

8 dünne, etwa 5 mm dicke, 40 g schwere Fleischscheiben, von der Kalbskeule geschnitten, 2 EL Nierenfett, kleingehackt, 1 TL Zwiebel, feinst gehackt, 1 TL Petersilie, feinst gehackt, 1 TL getrockneter Estragon, Salz und Pfeffer nach Belieben, 8 Zahnstocher, 40 g Butter

Die Fleischscheiben werden von beiden Seiten geklopft und mit Salz und Pfeffer gewürzt. Das Nierenfett, die Zwiebeln und Petersilie sowie der Estragon werden vermengt und leicht gesalzen. Diese Paste streicht man auf die Fleischscheiben. Dann werden die Scheiben eingerollt, mit Zahnstochern befestigt und in der Pfanne mit etwas Butter im eigenen Saft abgedeckt geschmort. Dazu paßt Kartoffelpüree.

Carwenada

Gegrillte Rinderscheiben, säuerlich mariniert

600 g abgehangene Rinderlanke (Roastbeef), in etwa 5 mm dicke und zweifingerbreite Streifen geschnitten, 1 Tasse ausgelassenes Rinderfett, Salz und Pfeffer, ¼ l Fleischbrühe, 2–3 EL Essig oder nach Belieben, 1 Prise Zucker, Salz und Pfeffer

Garnitur: 1 EL Schnittlauch, fein gehackt

Von der gut abgehangenen Rinderlanke werden dünne Streifen geschnitten, geklopft, mit Salz und Pfeffer gewürzt, auf dem Rost oder ersatzweise in der Rillenpfanne auf beiden Seiten fast gar gegrillt und dabei mehrmals mit dem ausgelassenen Rinderfett bestrichen. Dann wird ¼ l Fleischbrühe mit dem restlichen Rinderfett vermengt und mit Essig, Zucker, Salz und Pfeffer abgewürzt. Darin sollte man dann die gegrillten Fleischscheiben 10 Min. aufkochen lassen.
Serviert werden die Fleischscheiben in etwas Kochsud und mit Schnittlauch bestreut. Dazu paßt blättrig geschnittenes Weißkraut, in Weißwein gedünstet.

Bachene Kalbsfias

Gebackene Kalbsfüße

3 Kalbsfüße, Wasser, Salz und Pfeffer, 2 Lorbeerblätter, 1 TL Wacholderbeeren, 1 TL schwarze Pfefferkörner, ½ Tasse Karotten, geschnitten, 1 Tasse Lauch, geschnitten, 1 Tasse Sellerie, geschnitten, 3 EL Mehl, etwas Weizenbier, 1 Prise Salz, Eischnee von 2 Eiweiß

Garnitur: krause Petersilie, fritiert

Zuerst werden die Kalbsfüße in leicht gesalzenem Wasser 3 Min. aufgekocht und kalt abgespült, damit der Schmutz aus den Poren gelöst wird. Dann werden sie gekocht, heute am besten im Schnellkochtopf. Dazu gibt man etwas Wasser, Salz und Pfeffer, die Lorbeerblätter, Wacholderbeeren, Pfefferkörner, Karotten sowie den Lauch und den Sellerie mit den Kalbsfüßen in den Topf und läßt sie kochen, bis sie weich sind. Dann werden die Füße entnommen, und das Fleisch wird in mundgerechte Stücke geschnitten.
Anschließend rührt man aus Mehl, Bier und Salz einen etwas dickflüssigen Bierteig an, dem der Eischnee untergehoben wird. Darin werden die Fleischstücke nacheinander eingetaucht und in heißem Fett (heute in der Friteuse) goldgelb gebacken.
Man reicht die fritierten Fleischstücke mit fritierter, krauser Petersilie.

Bachene Ruletten

Gebackene Kalbsrouladen

4 Kalbsschnitzel à 100 g, dünn geklopft, 200 g Schweinehack, 150 g Räucherspeck, 1 Knoblauchzehe, 1 Zwiebel, 1 Petersiliensträußchen, 70 g Butter, Salz und Pfeffer, 150 g Kalbsleber, geschabt, 1 EL Majoran, 1 Ei, 1 gestrichener TL Muskatblüte, etwas Semmelbrösel Panade: 1 Ei, 1 TL Milch, 1 Tasse Semmelbrösel, Backfett, 4 Zahnstocher

Garnitur: 4 Zitronenviertel oder -scheiben

Das Schweinehack wird mit dem Räucherspeck, dem Knoblauch, der Zwiebel und der Petersilie durch den Fleischwolf gedreht, abgewürzt und in 70 g Butter angebraten, so daß es noch blutig ist. Dann gibt man die geschabte Kalbsleber, den Majoran und die Muskatblüte dazu.
Sobald die Fleischmasse nicht mehr blutig ist, wird sie mit einem Ei und etwas Semmelbrösel zu einem streichfähigen Teig gerührt und auf die Schnitzel gestrichen. Nun werden diese zusammengerollt, mit einem Zahnstocher befestigt, in das verquirlte Ei-Milchgemisch getaucht, anschließend in den Semmelbröseln gewendet und im 200° heißen Backfett (Friteuse) goldgelb gebacken.
Man reicht die Schnitzel mit Zitronenvierteln. Dazu passen grüne Salate.

Bachene Schweinsoara

Gebackene Schweineohren

2 Schweinsohren, enthaart, 3 l Wasser, 1 Zwiebel, kleingeschnitten, 1 Tasse Karotten, kleingeschnitten, 2 Lorbeerblätter, 1 Tasse Lauch, kleingeschnitten, 1 Tasse Sellerie, kleingeschnitten, Salz und Pfeffer, Mehl

Garnitur: Zitronenviertel

Zur Säuberung werden die gewaschenen Schweinsohren 5 Min. in heißem Salzwasser gekocht, entnommen und gut abgespült. Dann läßt man die Zwiebel, Karotten, die Lorbeerblätter, den Lauch und den Sellerie mit Salz und Pfeffer ½ Std. in 3 l Wasser kochen. In diesem Sud werden anschließend die Ohren weich gegart.
Nun schneidet man die Ohren nudeldünn, würzt sie mit Salz und Pfeffer nach und bäckt sie, mit wenig Mehl bestäubt, in heißem Fett goldgelb. Heute verwendet man zum Ausbacken besser die Friteuse.
Man reicht die Schweinsohren mit Zitronenvierteln und grünem Salat.

Die Schweinemast in Augsburg: Wegen der Schweine gab es in der freien Reichsstadt Augsburg Anfang des 17. Jahrhunderts immer wieder Streitigkeiten zwischen den ortsansässigen Metzgern einerseits und den Bäckern und Müllern andererseits, weil letztere mit der in ihrem Gewerbe anfallenden Kleie Schweine in größerer Anzahl mästen durften. Die Zunft der Metzger wehrte sich aus wohl verständlichen Gründen mit allen Mitteln dagegen.
So bestimmte der Rat der Stadt durch die Bäckerordnung von 1606 nach Artikel 80.91, daß jeder Bäcker wöchentlich nur 10–12 Pfund Schweinefleisch, und dies nur außerhalb des Hauses, aber auch nur innerhalb der Stadt, verkaufen durfte. Darüber hinaus mußten sie jedes sechste Schwein an die Stadtmetzgerei abliefern.
Nach der Marktordnung von 1609 durfte dann auch jeder andere Bürger der Stadt jährlich 2 Schweine mästen. Weil es verboten war, den Mist vor den Ställen abzusetzen, und jeder Mäster verpflichtet wurde, den Mist täglich in den Lech zu kippen, wurden die Ställe zwischen Stadt und Lech errichtet.

Gefüllte Kälberprust

Gefüllte Kalbsbrust

1 kg ausgelöste, 2–3 Wochen im Kühlhaus abgehangene Kalbsbrust, mit Tasche zum Füllen, 400 g Kalbsbrät, ¾ Tasse Milch, 1–2 Eier, 1–1½ Tassen Semmelbrösel, 1 Petersiliensträußchen, geschnitten, Abgeriebenes einer Zitrone, Saft einer halben Zitrone, 1 gestrichener TL getrockneter, geriebener Ingwer, Salz und Pfeffer
Bratpfanne: ⅓ Tasse Öl, 1 Zwiebel, geschnitten, 1 EL Karotten, geschnitten, 5 Knoblauchzehen, 70 g Butter, zerlassen

Das Brät wird mit der Milch abgerührt. Dann gibt man das Ei, die Semmelbrösel, Petersilie und Zitronenschale, den Zitronensaft und Ingwer sowie Salz und Pfeffer hinzu. Nun wird die Tasche mit Salz und Pfeffer gewürzt, mit der Brätmasse gefüllt und die Öffnung mit Bindfaden geschlossen. Anschließend wird die Brust auch außen mit Salz und Pfeffer bestreut.
Nun kommt das Öl in die Bratpfanne, darauf die Kalbsbrust, daneben die Zwiebel, Karottenscheiben und Knoblauchzehen. So wird das Fleisch bei 190°–200° in der Röhre so lange gebraten, bis die Zwiebelstücke bräunen. Dann gießt man die Pfanne mit ½ l Wasser auf. Wenn das Wasser verdunstet und eingebraten ist, wird wieder ein wenig Wasser aufgegossen, so lange und so oft, bis der Braten nach etwa 2 Std. gar ist.
Während der Garzeit wird der Braten von Zeit zu Zeit mit zerlassener Butter bepinselt. Schließlich muß nur noch die Soße gewürzt und abgeschmeckt werden, damit der Braten servierbereit ist.

Kälberhertz am Spiess

Gefülltes Kalbsherz am Spieß

1 Kalbsherz, 100 g geschabte Kalbsleber, 50 g flüssige Butter, etwa 100 g Semmelbrösel, 4 EL Bratensoße (wenn vorhanden), 2 kleine Eier, etwas Milch, 2 Schalotten, fein gehackt, 1 TL Petersilie, fein gehackt, 1 TL getrockneter Majoran, 1 TL Koriander, gestoßen, Abgeriebenes einer halben Zitrone, 2 TL Zitronensaft, Salz und Pfeffer, 8 Scheiben Frühstücksspeck

Aus dem Kalbsherz nimmt man alles Innere, bis auf die etwa 1½ cm dicke Wand heraus. Das Herausgeschnittene wird von den Röhren und Sehnen befreit, feinst gehackt und mit der Kalbsleber, Milch, Butter, Bratensoße, den Eiern und Semmelbröseln sowie den übrigen Kräutern und Gewürzen zu einem nicht zu festen Teig geknetet. Nun salzt man das Herz von innen, füllt es mit dem Fleischteig, näht es zu und läßt es in leicht gesalzenem Wasser etwa 45 Min. kochen.
Anschließend wird es mit den Speckscheiben umwickelt, verschnürt, auf einen Spieß gesetzt und über offenem Feuer oder bei 220° in der Bratröhre gegrillt. Während des Bratens wird das Herz mehrmals mit zerlassener Butter bestrichen, damit es nicht austrocknet.

Krawtkopff

Gefüller Weißkrautkopf

1 kleiner Weißkrautkopf
Füllung: 150 g Kalbsbrät, 4 EL Sahne, 3 Eier, 250 g Schweinehack, 1 EL Zwiebel, fein gehackt, 2 Knoblauchzehen, fein gehackt, 1 EL Petersilie, fein gehackt, 1 EL Majoran, getrocknet, 1 gestrichener TL Pfeffer, grob gestoßen, Salz und Pfeffer, etwas Semmelbrösel, 1 Schweinenetz, Bindfaden, etwa 6–8 Tassen Fleischbrühe, ½ Tasse Sahne

Zuerst werden 10–12 der äußeren, großen Krautblätter mit ausgeschnittenem Strunk in kochendem Salzwasser kurz blanchiert und dann ausgebreitet. Vom übrigen Kraut wird nur die Hälfte verwendet. Es wird kleingehackt, im Salzwasser gegart und gut ausgepreßt. Nun rührt man das Kalbsbrät mit 4 EL Sahne glatt, gibt die Eier, das Schweinehack, die kleingehackten Krautblätter, Zwiebel, Petersilie, den Knoblauch und Majoran hinzu und würzt die Füllung mit Salz und Pfeffer. Mit etwas Semmelbrösel wird der Teig verfestigt. Dann werden auf einem feuchten Tuch vier etwa 60 cm lange Bindfäden sternförmig ausgelegt, so daß sie sich in der Mitte kreuzen. Darauf kommt das Schweinenetz, auf diesem

werden die blanchierten Kohlblätter jeweils mit der Strunkseite zur Mitte einander überlappend ausgebreitet.
Nun gibt man die zu einer Kugel geformte Füllung in die Mitte. Jetzt die blanchierten Krautblätter um die Füllung legen, das Schweinenetz nach oben ziehen und das Ganze mit den Bindfäden verschnüren. Der so gefüllte Krautkopf sollte in einem möglichst schmalen Topf, zusammen mit der Fleischbrühe und der Sahne, abgedeckt ungefähr 1–1½ Std. garen. Zuletzt wird der Kochsud abgeschmeckt, eventuell etwas eingedickt oder reduziert und als Soße zum gefüllten Krautkopf gereicht.

Gepökelter Ochsenbrustkern

(Abb. S. 71)

1 kg gepökelte Ochsenbrust, s. S. 58, nicht gewaschen, 2 EL Sellerie, kleingeschnitten, 2 EL Lauch, kleingeschnitten, 1 EL Karotten, kleingeschnitten, 1 Zweig Liebstöckel

Der gepökelte Ochsenbrustkern wurde früher im Kartoffeldämpfer gegart. Heute geschieht dies viel einfacher und schneller im Dampftopf, wobei man die Kräuter zur Aromatisierung in das Topfwasser gibt. Ist die gepökelte Ochsenbrust gar, wird sie in dünne Scheiben geschnitten und mit einer Kräutersoße, s. S. 139, oder einer Lauchsoße, s. S. 140, gereicht.

Hopffen-Lamm

Lammschlegel in Hopfensoße

1 kg Lammschlegel, entbeint und gut abgelagert, Salz und Pfeffer, 60 g Butter, 3 EL Öl, 2 TL Mehl, 1 l Fleischbrühe oder Wasser, 3 Knoblauchzehen, 1 Tasse Hopfen, Salzwasser, 2 Eigelb, 50 g Butterflocken, eisgekühlt

Das Lammfleisch wird in ragoutgroße Stücke geschnitten, mit Salz und Pfeffer gewürzt und im schäumend heißen Öl-Buttergemisch von allen Seiten gelb angebraten. Dann wird es mit Mehl bestäubt, mehrmals gewendet, bis das Mehl vom Fett aufgenommen ist, und noch 5 Min. weitergebraten. Danach löscht man mit heißer Fleischbrühe oder Wasser ab, gibt den Knoblauch hinzu und läßt das Ganze kochen.
Nun brüht man den gewaschenen Hopfen in heißem Salzwasser nicht zu weich, seiht ihn ab und gibt ihn zum Fleisch.

Ist das Lammfleisch weich, wird die Soße durchpassiert, auf die erforderliche Menge eingekocht, mit Eigelb und Butterflocken aufgeschlagen und eventuell nachgewürzt. Dabei ist darauf zu achten, daß die Soße nicht mehr kocht. Vor dem Servieren sollte das Lammfleisch noch einige Minuten in der Soße ziehen.
Dazu reicht man Kartoffelpüree.

Hammel-Hattele

Schaffleisch-Spießchen vom Grill

16 etwa 7 mm dicke, flache, 30–40 g schwere Scheiben vom abgelagerten Hammelschlegel, von beiden Seiten gut geklopft, 100 g Kalbsbrät, 3 EL Milch, 200 g Schweinehack, ½ Ei, 1 Msp Muskatblüte, 1 TL frisches, feingehacktes Bohnenkraut, 1 TL getrockneter Oregano, Salz und Pfeffer nach Belieben, 8 Schaschlikspieße, ½ Eiweiß, mit ein paar Tropfen Wasser vermengt, 60 g flüssige Butter

Das Kalbsbrät wird mit der Milch glattgerührt. Dann gibt man das Schweinehack, das halbe Ei, Bohnenkraut und Oregano, die Muskatblüte sowie Salz und Pfeffer hinzu und knetet das Ganze zu einem etwas festeren Fleischteig. Nun wird die Hälfte der Fleischscheiben mit Eiweiß bepinselt und etwa 7 mm dick mit dieser Fleischmasse bestrichen.
Darauf legt man, an einer Seite überstehend, die Schaschlikspieße. Die restlichen acht Scheiben Fleisch werden gleichfalls mit Eiweiß bestrichen und mit der Eiweißseite nach unten so aufgelegt, daß sie die Füllung abdecken. Dabei ist darauf zu achten, daß man die Ränder gut andrückt.
Zuletzt werden die so erhaltenen Hattele mit Butter bepinselt und auf dem Rost von beiden Seiten gegrillt.

Herrenmaus-Braten

Besonders saftiger Sauerbraten

1 kg Rinderschlegel, gut abgehangen, gespickt mit Schweinespeck
Beize: 1 l Wasser, ½ l Rotweinessig, 1 gestrichener TL Zucker, 2 Lorbeerblätter, 10 Wacholderbeeren, 10 Nelken, 1 TL Koriander, 1 TL schwarze Pfefferkörner, 2 EL Sellerie, in Würfel geschnitten, 2 EL Lauch, in Scheiben geschnitten, 1 EL Karotten, in Scheiben geschnitten, ½ Zitrone, in Scheiben geschnitten

Braten: Salz und Pfeffer, 60 g Butter, 3 EL Öl, 1 Zwiebel, gescheibt, Beize und Gewürze, 1 TL Johannisbeergelee, Schale einer Orange, dünn geschnitten, 1 Tasse Sahne, 2 Glas Rotwein

Das Fleisch wird enthäutet und in eine tiefe Glas- oder Porzellanschüssel gelegt. Dann stellt man die Beize her, indem man alle hierfür angegebenen Zutaten 15 Min. zusammen aufkocht, dann erkalten läßt und über das Fleisch gießt, so daß es gut bedeckt ist. So sollte das Fleisch kühl gelagert etwa 6 Tage marinieren.
Nach dieser Zeit wird es aus der Beize genommen, abgetupft, mit Salz und Pfeffer gewürzt und mit den Zwiebelringen im heißen Öl-Butter-Gemisch (heute am besten im Schnellkochtopf) von allen Seiten scharf angebraten, bis die Zwiebeln bräunen. Dann wird es mit der Beize, den Kräutern und Gewürzen abgelöscht und mit dem Johannisbeergelee und der Orangenschale unter Druck etwa 30–40 Min. gegart.
Anschließend entnimmt man das Fleisch, passiert die Soße durch, gibt sie mit der Sahne und dem Rotwein wieder auf den Herd und läßt sie auf die erwünschte Menge einkochen. Zuletzt schmeckt man sie mit Salz, Pfeffer, eventuell auch mit Essig und Zucker, ab und dickt sie ein. Die Soße sollte schön dunkelbraun sein. Gerät sie zu hell, läßt sie sich mit ein paar Tropfen Zuckercouleur (heute im Handel erhältlich) dunkler machen.
Vor dem Servieren wird das Fleisch in Scheiben geschnitten, in die Soße eingelegt und darin erhitzt, wodurch es den feinen süß-sauren Soßengeschmack annimmt.
Dazu reicht man Semmelknöpfle, s. S. 154, oder Teigwaren.

Herrenmaus: Dies war eine spezielle Augsburger Bezeichnung für das besonders saftige Fleisch des Rinderschlegels unten am Bein, auch unteres Schweifstück (nicht vom Ochsenschwanz!) genannt. Es wurde in Augsburg für die Zubereitung als Sauerbraten noch zusätzlich mit Speckstreifen gespickt.

Heuschlegl vom Lamm

In frischem Heu gebratene Lammhaxen

2 abgelagerte Lammhaxen, ½ Tasse Weinbrand, 1 EL frische Minze, fein gehackt, 1 EL Zwiebel, fein gehackt, 1 TL Bohnenkraut, getrocknet, 1 gestrichener TL Rosmarin, getrocknet, 1 gestrichener TL Thymian, getrocknet, Salz und Pfeffer, ½ Tasse Olivenöl, 2 Tassen Rotwein, 1 Tasse Wasser, 1 Handvoll frisches, duftendes Heu, ½ Tasse Sahne, 1 Prise Zucker, 70 g Butterflocken, eisgekühlt

Die Lammhaxen werden mit dem Gemisch aus Weinbrand, Minze, Zwiebeln, Bohnenkraut, Rosmarin und Thymian eingerieben und abgedeckt 24 Std. kühl gestellt. Dann würzt

man sie mit Salz und Pfeffer, brät sie in Öl von allen Seiten scharf an und löscht dann mit je 1 Tasse Wasser und Rotwein ab. Anschließend läßt man die Haxen in der auf 200 ° vorgeheizten Röhre je nach Größe etwa 30 Min. braten.
Danach wird der Bratensaft aufgefangen und durchpassiert. Ist dies geschehen, gibt man in eine etwas größere Kasserolle eine Tasse Rotwein, darauf kommt ein sattes Heubett und hierauf die Haxen, die auch oben gut mit Heu bedeckt werden. So sollen die Fleischstücke abgedeckt in der Röhre bei 150 ° fertiggaren und den Heuduft annehmen. Es muß immer etwas Flüssigkeit in der Kasserolle sein, damit das Heu nicht anbrennt. Nötigenfalls gießt man etwas Wasser nach.
Zuletzt wird das Heu von den Haxen gestreift und die reduzierte Rotweinflüssigkeit aus der Kasserolle durch ein Sieb zum Bratensaft gegeben. Diesen läßt man mit der Sahne auf die erforderliche Menge einkochen, dann wird er etwas eingedickt, mit Salz, Pfeffer und etwas Zucker nachgewürzt und mit eiskalten Butterflocken aufgeschlagen.

Gewickeltes Rindflaisch

Eine Art Rindsroulade in süß-saurer Soße

4 handflächengroße, dünne Scheiben vom Rinderschlegel, gut geklopft, 4 mittelfingergroße Stückchen geräucherter, roher Schinken, 1 kleine Zwiebel, feinst gehackt, 8 Sardellen, feinst gehackt, 2 TL Basilikum, frisch, 1 TL Koriander, gestoßen, Salz und Pfeffer, 2 Msp Muskatblüte, 80 g Butter
Soße: 1½ EL Mehl, 350 g Fleischbrühe oder Wasser, ½ Tasse Sahne, 2 Lorbeerblätter, Salz und Pfeffer, 2 EL Essig oder nach Belieben, 1 gestrichener TL Zucker, 3 TL Kapern

Garnitur: 4 Zitronenscheiben

Die Rinderscheiben werden mit den Zwiebeln, den Sardellen, dem Basilikum, Koriander, Salz und Pfeffer sowie mit Muskatblüte bestreut, um die Speckstücke gerollt, mit Bindfaden gesichert und bei geschlossenem Deckel in Butter geschmort.
Nun nimmt man die Fleischrollen heraus, rührt das Mehl in den Fleischsaft und läßt es unter Rühren bräunen. Dann wird mit Fleischbrühe und Sahne abgelöscht und die Soße unter Zugabe der Lorbeerblätter etwa 20 Min. gekocht. Anschließend würzt man mit Salz, Pfeffer, Zucker und Essig süß-sauer ab.
Zuletzt wird die Soße durchpassiert. Dann kommen die Kapern hinzu. In dieser Tunke sollten die Fleischrollen noch 10 Min. ziehen. Vor dem Servieren werden die Bindfäden entfernt.
Man reicht sie in der Soße mit Zitronenscheiben garniert. Dazu gibt es Spätzle.

Gselchts im Brotdaig

Geräucherter Schinken, im Brotteig gebacken

1 kg warmgeräucherter Schinken, 300 g Roggenmehl, 300 g Weizenmehl, 60 g Sauerteig (vom Reformhaus oder Bäcker), etwa 300 ml warmes Wasser, 1 gestrichener TL Honig, 15 g Hefe, 1 EL Salz, 1 TL gemahlener Kümmel, 1 TL Fenchel, etwas Milch oder Wasser zum Bepinseln, 1 TL Koriander, 1 TL Kümmel

Zur Herstellung des Brotteigs wird der Sauerteig mit 150 g lauwarmem Wasser und 2 EL warmem Roggenmehl glattgerührt, mit einem Tuch abgedeckt und über Nacht warm gestellt. Anderntags löst man die Hefe mit dem Honig in einer halben Tasse lauwarmen Wassers. Nun siebt man das vorgewärmte Weizen- und Roggenmehl in eine größere, angewärmte Schüssel, rührt die beiden Sorten gut durcheinander, macht in der Mitte ein Grübchen und rührt darin mit der aufgeweichten Hefe und etwas Mehl den Vorteig an, den man mit einem Tuch abgedeckt an einem warmen Ort 25 Min. aufgehen läßt.
Dann werden alle restlichen Zutaten, zuerst der Sauerteig, dann das Salz, der gemahlene Kümmel, der Fenchel wie auch der Vorteig mit dem Mehl verrührt und 15 Min. fest geknetet, wobei man nur so viel warmes Wasser zugießt, daß ein fester Teig entsteht. Dieser Teig sollte abgedeckt, am besten bei 27 °, 2 Std. gehen.
In der Zwischenzeit gart man das Geräucherte (je Kilogramm Gewicht 25 Min.) in kochendem Salzwasser vor und deckt es dann mit Folie ab, damit es nicht zu sehr auskühlt.
Anschließend wird der Teig nochmals 10 Min. durchgeknetet, etwa 2,5 cm dick ausgerollt und so über den lauwarmen Schinken gelegt, daß die Teignaht unten ist.
Dieses gefüllte Brot kommt auf ein gefettetes, bemehltes Blech. Dann wird das Brot oben mehrmals schräg eingeschnitten und nochmals abgedeckt 2 Std. warm gestellt.
Zuletzt sticht man die Oberfläche mit einer Gabel ein, damit die Gärgase entweichen können, und bestreicht das Brot mit Milch oder Wasser, bestreut es mit Kümmel und Koriander und schiebt es auf der unteren Schiene in die auf 220 ° vorgeheizte Röhre. Dann wird die Backtemperatur auf etwa 170 °–180 ° gesenkt. Bei dieser Temperatur soll das Brot ungefähr 70 Min. backen. Damit es schön saftig und knusprig wird, stellt man ein Gefäß voll Wasser mit in die Röhre.
5 Min. vor dem Ende der Backzeit ist das Brot nochmals mit Wasser zu bepinseln, wodurch es einen schönen Glanz erhält. Nach dem Backen kommt es auf ein Kuchengitter, damit es nach allen Seiten ausdampfen kann.
Es sollte noch warm genossen werden. Dazu paßt ein Basilikum-Eiersalat, s. S. 159.
Sauerteig kann im Kühlschrank bis zu 10 Tage aufbewahrt werden.

Seite 69: Falsche Austern in Schaale (Rezept Seite 42)
Seite 70: Zellerie paniert (Rezept Seite 55)

Einwecken von Fleisch

Von gepökeltem oder geräuchertem, rohem Schweine- oder Rindfleisch

800 g roh Gepökeltes oder Geräuchertes ohne Bein, vom Schwein oder Rind, 1 Tasse Fleischbrühe, 1 TL Koriander, einige Pfefferkörner, einige Wacholderbeeren, 1 Lorbeerblatt, 1-l-Weckglas mit Gummidichtung und Deckelpreßfeder

In ein gut gereinigtes Weckglas werden zwei etwa 400 g schwere Fleischstücke gepreßt. Dazu kommt die Fleischbrühe mit den Gewürzen. Wegen des Aufkochens darf die Flüssigkeit im Glas nur ⅔ der Glashöhe erreichen. Vor dem Auflegen des Glasdeckels sind die Berührungsflächen von Glas und Deckel von eventuellen Einfülltropfen zu säubern. In der Zwischenzeit wird der Dichtungsgummi 2 Min. gekocht, zum Trocknen kurz aufgehängt und dann zwischen Deckel und Glas eingelegt.
Nun stellt man das mit der Deckelpreßfeder gesicherte Glas in den Weck, der bis zur Hälfte der Glashöhe mit kaltem Wasser gefüllt, mit dem Deckel bedeckt und schließlich auf 100 ° erhitzt wird. Zeigt das Thermometer diese Wassertemperatur an, wird das Fleisch bei gleichbleibender Temperatur noch 2 Std. weitergekocht. Nach dieser Zeit läßt man das Weckgut im geschlossenen Weck abkühlen.
Ist das abgekühlte Glas nach Abnehmen der Druckfeder fest verschlossen, so kann es kühl gelagert bis zu 1 Jahr aufbewahrt werden. Dieses Fleisch ist kalt genossen eine Köstlichkeit!

Der Weck zum Haltbarmachen: Napoleon Bonaparte hatte in seinen Feldzügen nicht nur an den Fronten, sondern auch gegen den ganz erheblichen Verderb der Lebensmittel im Nachschub der Truppenverpflegung zu kämpfen. Schuld daran war die mangelnde Kühlung. Deshalb suchte Napoleon mit einem von ihm veranlaßten Preisausschreiben nach Möglichkeiten zur verbesserten Haltbarmachung der Lebensmittel. Diese Ausschreibung gewann der französische Koch François Appert, der nachweisen konnte, daß die Lebensmittel, die längere Zeit heißem Wasserdampf ausgesetzt waren, von ihm „erhitzte Nahrungsmittel“ genannt, wesentlich länger hielten. Er wußte allerdings noch nicht den Grund. Die fortschreitende Wissenschaft bestätigte dann, daß die Bakterien durch Erhitzen abgetötet werden.
Der Chemiker Dr. Rempel erfand später, in der Mitte des 19. Jahrhunderts, eine Vorrichtung, womit der Inhalt einer Konserve erhitzt und zugleich luftdicht abgeschlossen werden konnte. Mit jahrzehntelangen Verbesserungen hat dann das Haus „J. Weck & Co.“ in Öflingen Ende des 19. Jahrhunderts diese Erfindung haushaltsgerecht ausgebaut, woraus der sogenannte „Weck“ mit den zugehörigen Gläsern und Deckelspannfedern entstand.

Seite 71: Gepökelter Ochsenbrustkern (Rezept Seite 64)
Seite 72: Hohlpratten-Spiesse (Rezept Seite 74)

Hohlpratten-Spiesse

Fleischteigspießchen vom Rost (Abb. S. 72)

250 g Kalbsbrät, 1/3 Tasse Milch, 500 g Schweinehack, 1 kleine Zwiebel, feinst gehackt, 1 kleines Ei, 1 Msp Muskatblüte, Salz und Pfeffer nach Belieben, Schaschlikspieße

Garnitur: geraspelter frischer Ingwer

Zunächst wird das Kalbsbrät mit der Milch glattgerührt. Dem fügt man das Schweinehack, die Zwiebel und das Ei hinzu und würzt mit Muskatblüte, Salz und Pfeffer ab. Das Ganze wird zu einem kräftigen Fleischteig geknetet, den man nötigenfalls mit etwas Semmelbrösel verfestigen kann.
Nun streicht man diesen Fleischteig etwa 1–2 cm dick auf Holzspießchen, die auf dem Rost gegrillt und mit etwas geraspeltem frischem Ingwer bestreut serviert werden.

Kalbshaxe, schwäbisch gebraten

1 Kalbshaxe, Salz und Pfeffer, 1/3 Tasse Öl, 2 EL Zwiebel, geschnitten, 1 EL Karotten, gescheibt, 5 Knoblauchzehen, Wasser zum Aufgießen, 80 g Butter, zerlassen

Die Kalbshaxe wird mit Salz und Pfeffer gewürzt. Dann gibt man in eine Bratpfanne das Öl, darauf die Haxe und daneben die Zwiebeln, die Karotten und die Knoblauchzehen und läßt die Haxe in der Röhre bei 200° so lange braten, bis die Zwiebeln bräunen.
Nun wird mit 2 Tassen Wasser abgelöscht und die Haxe gewendet. Ist die Flüssigkeit verdampft, erfolgt erneut ein Aufguß mit Wasser. Es sollte jedoch stets nur wenig Flüssigkeit zugegeben werden, damit die Soße immer wieder am Pfannenboden ansetzt, wodurch sie geschmacksintensiver wird.
In der Zwischenzeit die Haxe mehrfach mit zerlassener Butter bepinseln sowie den Bratenansatz von den Wänden der Pfanne abheben und in die Soße einrühren. Entsprechend ihrer Größe ist die Kalbshaxe nach 2–2½ Std. knusprig braun gebraten. Es sollte zum Schluß nur so viel Soße wie nötig in der Pfanne sein, denn je weniger, um so gehaltvoller schmeckt sie. Dazu gibt es Spätzle oder Kartoffelsalat. Es ist darauf zu achten, daß die Zwiebeln beim Braten nicht schwarz werden, weil dadurch die Soße bitter schmecken würde.

Schwäbisch gebraten: Im Gegensatz zur bayerisch gebratenen Kalbshaxe, deren Soße mit Wurzelkräutern angesetzt wird, erfolgt das Braten nach schwäbischer, also auch nach Augsburger Art, im eigenen Saft, nur mit Zwiebeln, Knoblauch und zur Geschmacksabrundung mit einigen Karottenscheiben.

Husarenpratten

Gefülltes gebratenes Schweinefilet (Abb. S. 89)

Fleisch: 1 möglichst dickes Schweinefilet (600 g), Salz und Pfeffer, ½ Tasse Öl, 40 g Butter, wenig Wasser
Füllung: 2½ EL Semmelbrösel, 1 Ei, 1 Eigelb, 2 Sardellen, fein gehackt, 2 EL Schweizer Käse, gerieben, 2 TL Schnittlauch, Salz und Pfeffer, Bindfaden

Das Filet wird enthäutet und so tief eingeschnitten, daß noch 1 cm Fleischdicke die beiden auseinandergeklappten Lappen zusammenhält, die anschließend auf etwa 1½ cm Dicke ausgeklopft und mit Salz und Pfeffer gewürzt werden. Dann bereitet man aus den angegebenen Zutaten eine feste Füllung, würzt sie ab und verteilt sie in der Fleischmitte. Sie sollte in etwa die Konsistenz eines Semmelknödels haben. Gerät sie zu trocken, so kann man mit etwas Milch die nötige Bindung erreichen.
Nun wird das Fleisch zusammengerollt, mit Bindfaden verschnürt und zugenäht, gewürzt und im Öl-Butter-Gemisch in der geschlossenen Pfanne gebraten, wobei man ein wenig Wasser zugießt und das Fleisch ab und zu wendet.
Der Husarenbraten wird am Tisch aufgeschnitten und mit Röstkartoffeln und Gemüse serviert.

Kälbervöglen

Rollierte, gefüllte Kalbsscheiben

8 dünne Scheiben vom Kalbsschlegel, etwa 8–12 cm groß, Salz und Pfeffer, 8 EL geräucherter Bauchspeck, fein gehackt, 8 EL Schalotten, fein gehackt, 4 EL Petersilie, fein gehackt, 12 Wacholderbeeren, im Mörser fein gestoßen, 100 g Butter, 3 EL Pflanzenöl, etwas Mehl, ¼ l Fleischbrühe, Salz und Pfeffer, 1–2 TL Zitronensaft, ½ Tasse Sahne

Die Fleischscheiben werden auf etwa 3–4 mm Dicke ausgeklopft, ein wenig gewürzt und mit dem Bauchspeck, Schalotten, Petersilie sowie den gestoßenen Wacholderbeeren bestreut. Dann werden sie eingerollt, verschnürt und in einem flachen breiten Topf in Butter und Öl von allen Seiten goldgelb gebraten. Danach nimmt man das Fleisch heraus, stellt es warm, gibt etwas Mehl in den Topf, rührt es mit der Fleischbrühe glatt und läßt die Soße kurz aufwallen.
Nun wird die Tunke mit Salz, Pfeffer, Zitronensaft und Sahne abgeschmeckt. Darin sollten die Kalbsvögel vor dem Servieren noch einige Minuten ziehen.

Leber-Vöglen

In Speck gebratene Leber (Abb. S. 90)

8 größere, dünn geschnittene, geräucherte rohe Speckscheiben, 4 Kalbsleberstückchen, je zwei Finger breit, fingerdick und fingerlang, Pfeffer, 16 frische Salbeiblätter, 60 g Butter, zerlassen, am besten geklärt, Bindfaden, Salz

Garnitur: 4 EL Röstzwiebeln, 4 Salbeiblätter

Die Leberstücke werden nur mit Pfeffer gewürzt, auf beiden Seiten mit Salbeiblättern belegt, mit Speckstreifen umwickelt, mit Bindfaden verschnürt und dann in der Bratröhre bei 250° oder am Spieß über dem Feuer schnell gebraten, wobei man die Fleischstücke öfter mit Butter bepinselt.
Vor dem Servieren sind die Fäden zu entfernen und die Leber-Vöglen mit Salz zu würzen.
Zum Servieren werden die Leber-Vöglen mit Röstzwiebeln bestreut und auf frischen Salbeiblättern angerichtet.

Ochsenschwanzragout

1½ kg Ochsenschwanz, 3 EL Pflanzenöl, 1 Zwiebel, geschnitten, 3 EL Sellerie, geschnitten, 2 EL Karotten, gescheibt, ½ Lauchstengel, geschnitten, 1 EL Weizenmehl, 1 Lorbeerblatt, 10 Nelken, 2 TL Wacholderbeeren, 1 TL schwarze Pfefferkörner, ½ l Burgunder Rotwein, Salz und Pfeffer, ½ Tasse Süßrahm

Die gewaschenen, leicht gesalzenen Fleischstücke werden in der Röhre zusammen mit den Zwiebeln in Öl scharf dunkelbraun angebraten und mit Wasser abgelöscht. Nun fügt man das Mehl, den Sellerie und den Lauch, die Karotten, das Lorbeerblatt, die Nelken, Wacholderbeeren und die Pfefferkörner hinzu.
Nachdem das Mehl etwa 8–10 Min. angebraten ist, wird mit einem kräftigen Schuß Burgunder abgelöscht, das Ganze einige Male mit dem Kochlöffel gewendet und mit 2 Tassen Wasser aufgegossen, um den Bratensatz zu lösen.
Dann gibt man den Inhalt der Bratpfanne in einen Topf, heute am besten in den Schnellkochtopf, und läßt das Fleisch kurz darin garen. Zuletzt wird die Soße abgeseiht, etwas eingedickt und mit dem restlichen Burgunder und Süßrahm verfeinert und nachgewürzt.
Vor dem Servieren sollten die Fleischstücke noch 20 Min. in dieser Soße ziehen.
Dazu reicht man gekochte Kartoffeln oder Augsburger Mehlknöpflein, s. S. 144.

Ochsenfleisch: Bis zur Mitte des Dreißigjährigen Krieges wurden in Augsburg jährlich um die 14000 Ochsen geschlachtet. Die Metzgerzunft erklärte dem Rat der Stadt, daß für die 45000 Einwohner Augsburgs 260–270 geschlachtete Ochsen pro Woche den Bedarf decken, was einem Pro-Kopf-Verbrauch von etwa 50 kg pro Jahr entspricht. Da das Umland diese Mengen nicht beschaffen konnte, wurden zusätzlich Ochsen aus Tirol, der Schweiz, aus Polen, Böhmen und auch aus dem Bayerischen Wald eingeführt. Nach den Bestimmungen des Rates der Stadt durfte jeder Metzger wöchentlich nur 3 Ochsen schlachten, was immer wieder zu Übertretungen und Strafen führte.

Pfeffer-Reysflaisch

Gedünstete Kalbswürfel in Reismasse

500 g Kalbfleisch, klein gewürfelt, Salz und Pfeffer, 70 g Butter, 1 EL Zwiebel, feinst gehackt, 50 g Butter, 1 EL Zwiebel, reiskorngroß gehackt, 150 g Reis, ½–¾ l Fleischbrühe, Salz, 25 schwarze Pfefferkörner, grob gestoßen, 1 EL Parmesankäse

Das in Würfel geschnittene, gewürzte Kalbfleisch wird in 70 g Butter zusammen mit den feinst geschnittenen Zwiebeln mit möglichst wenig Wasser angedünstet und warm gehalten. In der Zwischenzeit läßt man in 50 g Butter die reiskorngroß gehackten Zwiebeln anlaufen. Dann fügt man den Reis hinzu. Er wird gut durchgerührt, mit Fleischbrühe aufgegossen, gesalzen und in etwa 17 Min. zu einer festen Masse gekocht. Sollte die Flüssigkeit verdunsten, kann ein wenig Brühe nachgegossen werden.
Zuletzt wird das Fleisch samt Fleischsaft mit dem abgetropften Reis, Pfeffer und Parmesan gut vermischt, in eine mit Butter ausgestrichene, heiße Form gepreßt und zum Servieren gestürzt.

Pfeffer: Schon in der Sanskritliteratur genannt, ist der Pfeffer eines der ältesten Gewürze der Welt. Man kennt etwa 700 Arten. Die Römer, die den weißen, vollreif geernteten geschälten, sowie den schwarzen, unreif getrockneten Pfeffer und auch die kleinen roten Pfefferschoten kannten, brachten ihn sicherlich erstmals nach Augsburg. Er war jedoch so kostbar, daß er sogar vererbt wurde. Erst seit der Entdeckung des Seeweges nach Ostindien im Jahr 1498 wurde er billiger.
Chronisten berichten aus dieser Zeit von einem übermäßigen Gebrauch des Pfeffers.
In der Neuzeit kamen noch der grüne und der rote Pfeffer hinzu. Letzterer ist aber kein Pfeffer, sondern die Beere eines mit dem giftigen Efeu verwandten, sehr gefährlichen Unkrautes, dem „schinus terebinthifolius".
Da aus dem gemahlenen Pfeffer die geschmacksgebenden ätherischen Öle schnell entweichen, sollte nur mit frisch gemahlenem Pfeffer gewürzt werden.

Räuchern von Rind- und Schweinefleisch

Zum Räuchern läßt man das nach dem Rezept auf S. 58 hergestellte Pökelfleisch gut abtropfen. Dann wird es mit einem kräftigen Bindfaden in der Räucherkammer aufgehängt und mit Buchenholz, Tannenreis, noch besser mit Wacholderreis und Tannenzapfen etwa 100 Std. kalt schwarz geräuchert. Anschließend läßt man es noch 1 Tag in der Räucherkammer hängen. Beim gleichzeitigen Räuchern größerer Mengen von Fleisch achte man darauf, die einzelnen Stücke nicht zu eng zu hängen, da sonst der Rauch nicht gleichmäßig an das Fleisch kommt. Vor der Verwendung ist das Geräucherte gründlich abzuwaschen. Das Rauchfleisch kann sowohl roh in dünnen Scheiben als auch gekocht oder eingeweckt, s. S. 73, genossen werden.

Das Räuchern in Augsburg: Wegen der fehlenden Kühlung waren früher auch Rauchwaren nur begrenzt haltbar, weswegen die Augsburger Metzger weit weniger räucherten als heute. Dazu kam, daß man in vielen Familien Augsburgs jährlich eine Schweine-Hausschlachtung durchführte. Deshalb fand man vielfach in Augsburger Bürgerhäusern bis zur Zerstörung der Stadt, 1944, in Waschküchen oder in Dachgeschossen kleine Räucherkammern, in denen besonders in den Wintermonaten selbstgepökeltes Fleisch, wie Schlegel und Bauchstücke von Schweinen, Würste und Brustkernstücke wie auch Ochsenzungen geräuchert wurden.
Als zum Konservieren der Speisen der sogenannte „Weck" auf den Markt kam, ging man dazu über, die geräucherten Fleischwaren einzuwecken, s. S. 73. Man erreichte damit nicht nur eine lange Haltbarkeit, diese eingeweckten Räucherwaren schmeckten auch vorzüglich.

Pickelsteiner

Pichelsteiner – Eintopfgericht

125 g Schweinefleisch, in Würfel geschnitten, 125 g Kalbfleisch, in Würfel geschnitten, 125 g Rindfleisch, in Würfel geschnitten, 125 Hammelfleisch, in Würfel geschnitten, Salz und Pfeffer, 60 g Butter, 3 EL Öl, 1 Tasse Fleischbrühe, ¼ Sellerieknolle, in Würfel geschnitten, 3 Kartoffeln, geschält, in Würfel geschnitten, 1 Zwiebel, in Würfel geschnitten, 1 Karotte, in Scheiben geschnitten, ¼ Blumenkohl, zerkleinert, ½ Lauchstange, geschnitten, weiteres Gemüse, geschnitten, 4 Knoblauchzehen, geschnitten, 1 Schuß Weißwein

Zur Schonung der Vitamine wird dieses Gericht heute am besten im Schnellkochtopf zubereitet. Zunächst läßt man das mit Salz und Pfeffer gewürzte Fleisch in schäumend heißer Öl-Butter-Mischung auf allen Seiten 6–8 Min. anbraten, ohne daß es viel Farbe annimmt.

Dann wird mit der Fleischbrühe aufgegossen, der Topf verschlossen, das Fleisch unter Druck etwa 5 Min. gegart, danach entnommen, wobei der Kochsud im Topf verbleibt. Nun schichtet man das mit nur wenig Salz und Pfeffer gewürzte Gemüse zusammen mit den Fleischwürfeln möglichst durcheinander zum Kochsud in den Topf und übergießt das Ganze mit einem Schuß Weißwein. Früher gab man obenauf noch ausgelöstes Knochenmark. Nach dem Verschließen wird der Dampftopf unter Druck gesetzt. Schon nach 5 Min. ist dieses feine Gericht tafelfertig.

Pickelsteiner: Nach der Überlieferung soll der Landrichter Störlein von Grafenau mit Freunden am 17. Juni 1823 einen Ausflug auf den 830 m hohen Büchelstein im Lallinger Winkel unternommen haben. Um dort oben seine Freunde mit einem warmen Essen verköstigen zu können, kreierte ihm die Wirtin Auguste Winkler aus Grattersdorf ein in luftiger Höhe über offenem Feuer leicht erwärmbares Gericht, dem sie dem Anlaß entsprechend den Namen „Büchelsteiner" gab.
Es fand so großen Gefallen, daß jahrzehntelang danach dort oben noch immer am 17. Juni ein allgemeines Büchelsteineressen stattfand.
Durch seinen Wohlgeschmack fand dieses Gericht eine schnelle Verbreitung und kam Ende des 19. Jahrhunderts auch in Augsburg auf die Tische. Mit der Zeit wurde aus Büchelsteiner Pichelsteiner und schließlich sogar Pickelsteiner, wie man im nichtbayerischen „Ausland" sagt.

Rosmarin-Hochrippe im Salzmantel

In Salz gebackene Hochrippe

1¼ kg gut abgelagerte Hochrippe vom Rind, Salz und Pfeffer, 1 TL getrockneter, zerriebener Rosmarin, ½ Tasse Öl, 7 Pfd. feines Salz, 5–7 Eiweiß, frisch oder aus der Kühltruhe, Alufolie zum Schutz der Pfanne

Die Hochrippe wird mit Salz und Pfeffer gewürzt und in einer möglichst schweren, gußeisernen Pfanne in heißem Öl von allen Seiten scharf angebraten. Nun vermengt man das Salz mit dem Eiweiß und gibt noch etwas Wasser dazu, so daß eine feste Salzmasse entsteht. Sie sollte sich wie ein Schneeball formen lassen.
Dann legt man die Alufolie auf ein Backblech, darauf kommt eine 2 cm dicke Salzlage. In dieses Salzbett legt man die mit Rosmarin bestreute Hochrippe und bedeckt sie mit der restlichen Salzmasse auf allen Seiten etwa 2 cm dick. In der auf 220° vorgeheizten Röhre wird die Hochrippe ungefähr 1–1¼ Std. gebacken. Vor dem Servieren entfernt man den Salzmantel. Dazu reicht man Rosmarinbutter, das ist leicht gesalzene Butter mit getrocknetem Rosmarin vermengt, als Beilage gibt es Gemüse.

Salz: Einfachere Leute, wie auch die mittelständischen Bürger Augsburgs konnten sich Salz erst seit der Mitte des 12. Jahrhunderts, nach der Erschließung der Salinen Reichenhall, Hallein und Lüneburg, leisten. Bis dahin war es ausschließlich in vornehmen Häusern im Gebrauch und wurde im sogenannten „Nef" aufgetragen. Das war ein Segelschiff aus Holz oder Silber, 20–40 cm lang, in dessen Krähennest sich das Salz befand. Dieses Krähennest war aus Angst vor Diebstahl und Gift stets verschlossen und wurde erst am Tisch vom Hausherrn selbst geöffnet.

Sauerer Brustkern

Rinderbrust in saurer Soße

800 g gekochte Rinderbrust
Marinade: 4 Tassen Fleischbrühe, 2–3 EL Weinessig, 1 Karotte, gescheibt, 1 EL Sellerie, gewürfelt, 2 Lorbeerblätter, 1 TL Wacholderbeeren, 1 TL schwarze Pfefferkörner, 1 größere Zwiebel, in Ringe geschnitten, Salz und Pfeffer, etwas Zucker

Garnitur: 1 EL Schnittlauch

Zur Herstellung der Marinade läßt man die Brühe mit Essig, Karottenscheiben, Selleriewürfeln, Lorbeerblättern, Wacholderbeeren, Pfefferkörnern und Zwiebelringen 20–25 Min. köcheln, bis die Karotten gar sind. Dann wird die Marinade mit Salz, Pfeffer, Zucker und wenn nötig nochmals mit Essig abgeschmeckt. Anschließend wird der gekochte Brustkern in 8 Scheiben geschnitten und vor dem Servieren 20 Min. in die heiße Marinade eingelegt. Auf jeden Teller kommen zwei Fleischscheiben. Diese überzieht man mit etwas Marinade, den Kräutern und Gewürzen und serviert das Gericht mit Schnittlauch bestreut.

Perna

In Feigenbrühe gedünsteter, überbackener Hinterschinken, für etwa 20 Personen
(Abb. der vorderen Umschlagseite)

1 gepökelter Schweine-Hinterschinken mit Knochen, 5–6 kg schwer, nur 1–2 Std. leicht angeräuchert
Kochsud (Menge je nach Topfgröße): auf 8 l Wasser kommen 4 TL Salz, 800 g frische oder ersatzweise getrocknete Feigen, kleingeschnitten, 7 Lorbeerblätter, Schale einer Zitrone, 20 Nelken, 1½ TL Honig, flüssig, 1 EL Koriander, grob gestoßen

Der Schinken wird in dem Kochsud aus Wasser, Salz, Feigen, Lorbeerblättern, Zitronenschale und Nelken je nach Größe 5–6 Std. abgedeckt gekocht, bis der Knochen leicht ausgelöst werden kann. Dann zieht man, solange der Schinken noch heiß ist, die Schwarte ab und schneidet in den verbleibenden Speckmantel ca. 5 mm tiefe Rauten. Anschließend wird der Schinken mit dem mittels etwas Wasser verflüssigten Honig bestrichen und mit gestoßenem Koriander bestreut. Der so vorbereitete Schinken kommt auf ein geöltes Backblech und wird in der auf 200° vorgeheizten Röhre etwa 1 Std. gebacken.
Dazu aßen die Römer Kürbiswürfel in mit etwas Ingwer eingekochtem Traubensaft oder Melonenschnitten, die in mit Honig gesüßtem Wein 2 Std. eingelegt wurden.

Perna: Dieses von dem großen römischen Feinschmecker Markus Gavius Apicius zwischen 17 und 37 n. Chr. aufgezeichnete Gericht namens Perna dürfte bis in das 5. Jahrhundert in „Augusta Vindelicorum" auf die Tische hoher römischer Beamter und Offiziere gekommen sein. Es ist ein sehr feines und leicht zuzubereitendes Gericht, da man gerade bei großen Essen schon bis zu 10 Std. vor dem Servieren kochen und so vorbereiten kann, daß man den Schinken nur noch 1 Std. vor dem Auftragen in der Röhre ausbacken muß.

Schweinigs gedünstet

Gedünstetes Schweinefleisch

600 g Schweinenacken, Salz und Pfeffer, 80 g Butter, Wasser, 1 gestrichener TL Zucker

Garnitur: Majoranwürfel, 2 EL Weißbrotwürfel, 30 g Butter, zerlassen, Salz, 2 TL Majoran, getrocknet

Für die Garnitur werden 2 EL Weißbrotwürfel mit 30 Butter, Salz und 2 TL getrocknetem Majoran vermengt und in der Röhre unter gelegentlichem Wenden bei 60° 30 Min. geröstet. Dann wird das Fleisch in gulaschgroße Stücke geschnitten, mit Salz und Pfeffer gewürzt, in schäumend heißer Butter von allen Seiten angebraten und mit einer ¾ Tasse Wasser, worin zuvor der Zucker gelöst wurde, abgelöscht.
So läßt man das Fleisch abgedeckt auf dem Herd schmoren, bis die Flüssigkeit fast verdampft ist. Erst dann wird wiederum nur wenig Wasser aufgegossen. Bis das Fleisch gar ist, gießt man, soweit nötig, jeweils kleine Mengen Wasser nach. Zuletzt sollte nur soviel Flüssigkeit im Topf sein, wie man für die Soße braucht. Diese kann noch etwas eingedickt werden.
Zum Servieren streut man die Majoranwürfel über das Fleisch. Dazu passen Salz- oder Kümmelkartoffeln.

Rouletten

Kalbsrollen mit Basilikumfüllung

12 etwa 5 mm dicke Kalbsbrustschnitzel, etwa 5×8 cm groß, 4 EL Kalbsbrät, 1 EL Kalbsnierenfett, roh, 4 EL Süßrahm, ½ Ei, etwas Semmelbrösel, 1 kleine Knoblauchzehe, feinst püriert, 1 TL Basilikum, fein gehackt, Salz und Pfeffer, 1 kleine Prise Zucker, Butter, Bindfaden

Zunächst rührt man das Kalbsbrät mit der Sahne glatt und vermischt es mit dem durch ein Sieb gestrichenen Nierenfett, dem Ei, Knoblauch und Basilikum. Dabei gibt man so viel Semmelbrösel dazu, daß ein halbfester Teig entsteht, der zuletzt mit Salz, Pfeffer und etwas Zucker abgewürzt wird. Nun werden die Schnitzel von beiden Seiten geklopft, etwas gewürzt, einseitig mit der obengenannten Farce bestrichen, dann eingerollt, mit Bindfaden verschnürt und in Butter weichgedünstet.
Dazu reicht man eine braune Zitronensoße, s. S. 135, und Reis.

Tomatenbraten

1 kg Rindernuß oder Lanke, gut abgehangen, Salz und Pfeffer, ⅓ Tasse Öl, 1½ Tassen Wasser, 1 Tasse trockener Weißwein, 6 mittelgroße, vollreife Tomaten, 2 TL Tomatenmark, 1 TL Zucker, 1 mittelgroße Zwiebel, geschnitten, 1–2 Knoblauchzehen, 1 Lorbeerblatt, etwas getrockneter Thymian, Mehl zum Eindicken, ½ Tasse süße Sahne, einige Spritzer Zitronensaft

Garnitur: 3 Tomatenrosen

Dieses Gericht wird heute einfach und schonend im Schnellkochtopf zubereitet. Man gibt das Öl in den Schnellkochtopf und läßt darin das mit Salz und Pfeffer gewürzte Fleisch auf allen Seiten scharf anbraten, dann wird mit Wasser und Wein abgelöscht. Nun kommen die Tomaten, Zwiebelscheiben, Knoblauchzehen, das Tomatenmark, das Lorbeerblatt, der Zucker und der getrocknete Thymian hinzu. Dann läßt man den Braten im verschlossenen Topf garen.
Schließlich wird das Fleisch entnommen, die Soße durchpassiert, mit Sahne verfeinert, mit Zitrone abgeschmeckt und etwas eingedickt.
Das Fleisch wird mit Tomatenrosen garniert aufgetragen. Die Herstellung dieser Rosen finden Sie in meinem Kochbuch „Wunderland Küche“ auf S. 203 genau beschrieben.

Tomatenbraten: Der Tomatenbraten ist ein noch jüngeres Gericht der Augsburger Küche, denn die Tomaten wurden erst um 1910 als eßbare Früchte in Augsburg eingeführt. Zwar hatten die Spanier sie schon im 16. Jahrhundert in Mexiko und Peru entdeckt und nach Europa gebracht. Da man sie aber für giftig hielt, wurden sie etwa 400 Jahre nur als Zierfrucht angebaut. Man glaubte, daß allein schon der Anblick der roten Früchte paradiesisch-zärtliche Gefühle wecke, weswegen man sie in Anlehnung an die Äpfel im Paradies zunächst Liebesäpfel oder Paradeiser nannte, wie sie heute noch in Österreich bezeichnet werden.

Schweinskotelett in Soos

In der Pfanne, naturgebraten

4 mindestens 4 Tage alte, geklopfte Koteletts, 4 ganze Knoblauchzehen, 1 Zwiebel, geschnitten, ½ EL Karotten, gescheibt, Salz und Pfeffer, ⅓ Tasse Öl

Die mit Salz und Pfeffer gewürzten Koteletts werden zusammen mit dem Knoblauch, den Zwiebeln und Karottenscheiben in Öl in einer möglichst breiten Pfanne bei mittlerer Hitze so lange gebraten, bis die Zwiebel bräunt. Dann wird mit etwa einer ¾ Tasse Wasser aufgegossen. Die Flüssigkeit läßt man fast gänzlich einbraten. Dieses Aufgießen und Einbratenlassen bei abgedeckter Pfanne wird während der Gesamtgarzeit von etwa 35–40 Min. so oft wiederholt, bis das Fleisch weich ist.
Die Koteletts werden mit der unpassierten Soße überzogen gereicht. Dazu paßt Kartoffelsalat.

Süß-sauerer Schnietentopf

Süß-saurer Eintopf

1½ l Wasser, 500 g Rinderknochen, 1 EL Sellerie, kleingeschnitten, 2 EL Lauch, kleingeschnitten, 1 EL Karotten, kleingeschnitten, 500 g Weißkraut, grobgeschnitten, ⅓ Tasse Essig, 1 TL Honig, Salz und Pfeffer, 375 g Rinderlanke, in dünne Scheibchen geschnitten, 375 g Lammschlegel, in dünne Scheibchen geschnitten, 60 g Butter

Garnitur: 1 EL Petersilie, gehackt

Zunächst kocht man aus dem Wasser, Knochen, Sellerie, Lauch und Karotten eine kräftige Knochenbrühe und seiht sie ab. Die Knochen werden entfernt. In dieser Brühe, die wieder aufgekocht wird, blanchiert man etwa 1 Min. die Krautblätter. Dann wird das Kraut herausgehoben und beiseite gelegt.
Anschließend werden die Fleischscheiben in dem Sud gegart und ebenfalls herausgenommen. Nun gibt man den Essig und Honig in den Sud und läßt ihn einkochen, so daß gut eine Tasse Flüssigkeit übrigbleibt.
Anschließend wird die Butter in einem Topf erhitzt. Dazu kommen die Krautblätter, Fleischscheiben und der reduzierte Sud. Das Ganze wird kurz durchgeschwenkt, mit Salz und Pfeffer, eventuell etwas Essig und Honig abgeschmeckt und mit der Petersilie bestreut serviert. Dazu gibt es Röstkartoffeln oder Reis.

Zurwonada

Kalt geräucherte, gekochte Wurst, für 6 Personen

1 Pfd. fettfreies Rindfleisch, feinst gehackt, 1 Pfd. sehr fetter roher Schweinebauch ohne Schwarte, feinst gehackt, 1 kleines Ei, 3 EL Fleischbrühe, 1 EL Koriander, ungestoßen, 1 Prise Zucker, 2 TL schwarzer Pfeffer, grob gestoßen, Salz und Pfeffer nach Belieben, Schweine- oder Rindsdärme, gut gereinigt

Alle Zutaten werden zweimal durch den Fleischwolf gedreht, gut verknetet, abgewürzt, in die Därme gefüllt und kalt geräuchert. Anschließend kocht man die Würste und serviert sie kalt als Aufschnitt.

Geflügel

Eingmachts Hönnerflaisch

Geflügel-Fricassée

1 Huhn, in 4 Teile geschnitten, Salz und Pfeffer, 80 g Butter, 1 Zwiebel, klein gehackt, 2 TL Mehl, 3 EL Weinessig, 1 l Fleisch- oder Hühnerbrühe, 1 Tasse süße Sahne, 1 Lorbeerblatt, 6–8 Nelken, 1 Msp Muskatblüte, Schale einer Zitrone, 1 Zweiglein Estragon, ½ Glas trockener Weißwein, 1 Prise Zucker

Das geviertelte Huhn wird mit Salz und Pfeffer gewürzt und in einer hohen Kasserolle von allen Seiten in schäumender Butter mit den Zwiebeln angeschwitzt, ohne daß es röstbraune Farbe annimmt. Nun bestäubt man die Hühnerteile mit Mehl, wendet sie und läßt sie noch etwa 7 Min. in der Butter schmoren. Dann werden die Fleischteile mit Essig begossen und mit Fleischbrühe und Sahne abgelöscht.
Dazu kommen nun das Lorbeerblatt, das Estragonzweigchen, die Nelken, die Zitronenschale und die Muskatblüte. In diesem Sud läßt man das Huhn etwa 40 Min. weich kochen. Dann werden die Fleischteile entnommen, die Brühe abgeseiht und so lange eingekocht, bis nur noch die erforderliche Soßenmenge verbleibt, die man mit einem halben Glas Weißwein und eventuell mit Salz, Pfeffer und Zucker abschmeckt. In dieser Soße sollten die Hühnerviertel vor dem Servieren noch etwas ziehen.
Dazu paßt Reis.

Gänßgeräusch

Gänseragout, auch Gänsepfeffer

Gänseklein, wie Magen, Herz, Leber, Hals, Kopf, zerkleinerte Flügel und Füße, 2 Lorbeerblätter, 10 Wacholderbeeren, 1 TL Pfefferkörner, 1 TL Koriander, 10 Nelken, 1 Zwiebel, 2 EL Lauch, klein gewürfelt, 1 EL Sellerie, klein gewürfelt, 1 EL Karotten, klein gewürfelt, Schale einer halben Zitrone, 80 g Butter, 2 EL Mehl, 2 EL gebräunte Zwiebelringe, Salz und Pfeffer, 1–2 EL Rotweinessig, 1–2 TL Zitronensaft, 1 TL Johannisbeergelee, eventuell eine Prise Zucker

Der Magen, von dem man die innere Schleimhaut entfernt, das Herz, der Hals und Kopf sowie die Flügel und Füße werden in etwa 2 l Wasser unter Zugabe der Lorbeerblätter, Wacholderbeeren, Pfeffer- und Korianderkörner, der Zwiebel, Nelken und Zitronenschale, Lauch-, Sellerie- und Karottenwürfel weich gekocht.
In der Zwischenzeit läßt man das Mehl in einer Pfanne bei mittlerer Hitze ohne Fett und Wasser unter stetem Rühren etwas bräunen.

Sind die Fleischstücke weich, wird die Butter geschmolzen, das gebräunte Mehl darin glattgerührt und mit so viel vom Kochsud des Gänsekleins abgelöscht, daß eine etwas sämige Soße entsteht. Dazu kommen die gebräunten Zwiebeln, ein Schuß Rotwein, Essig, alle Gewürze und die Kräuter des Suds. Das Ganze sollte ½ Std. köcheln. Dann wird abgeseiht, die Soße mit Salz, Pfeffer, etwas Essig und Zitronensaft sowie mit dem Johannisbeergelee, vielleicht auch mit einer Prise Zucker, abgeschmeckt.
In dieser säuerlichen Soße sollten die Fleischstücke etwa eine weitere halbe Stunde Geschmack annehmen. Die in 4 Teile geschnittene Leber kommt zum Garen erst 15 Min. vor dem Servieren in die leicht köchelnde Soße. Früher dunkelte man die Soße noch mit etwas Gänseblut. Heute geschieht das mit ein paar Tropfen Zuckercouleur, die im Handel erhältlich ist. Dazu gibt es Semmelknödel.

Krewter Ganß

Gekräuterte Gans, für 6 Personen

1 junge Gans, entkielt, 1 EL Zwiebel, geschnitten, 1 EL Karotten, geschnitten.
Vorwürze: 5 gestrichene TL Salz, 1 gestrichener TL Pfeffer, 1 EL Majoran, getrocknet, 1 TL Oregano, getrocknet
Kräuterwürze: 3 gestrichene TL Salz, 1 TL Basilikum, getrocknet, 1 EL Majoran, getrocknet, 1 TL Kerbel, getrocknet, 1 EL Liebstöckel, getrocknet, 1 EL Beifuß, getrocknet, 1 gestrichener TL Nelkenpulver, 1 gestrichener TL Muskatblüte
Soße: 1 TL Stärkemehl mit Wasser, Salz, Pfeffer, 1 Prise Zucker

Garnitur: Brunnenkressezweige

Die Gans wird innen und außen mit der Vorwürze eingerieben, mit der Brust nach unten in eine Bratpfanne gelegt und 1 cm hoch mit Wasser aufgegossen. Dazu kommen die zerkleinerten Flügelknochen, Zwiebelringe, Karottenscheiben und die Fettpolster. Nun läßt man die Gans bei 220° etwa 1 Std. braten, bis das Wasser verdampft und nur noch Fett in der Pfanne ist, das abgegossen wird. Dann wird sofort mit 3 Tassen Wasser aufgegossen und die Gans gewendet, so daß die Brust nach oben kommt.
Je nach Größe muß sie noch ungefähr 1¼ Std. braten. Während der Garzeit begießt man sie mehrmals mit dem Bratensaft oder zusätzlich mit Wasser. Wenn nach dieser Zeit die Gans knusprig braun und gar ist, wird sie mit Bratfett begossen, auf allen Seiten mit der Kräuterwürze bestreut und bei 250° etwa 8 Min. auf dem Rost weitergegrillt. Man kann auch die Soße mit ein wenig Stärkemehl binden und mit der restlichen Kräuterwürze geschmacklich abrunden. Dazu passen rohe oder gekochte Kartoffelklöße. Letztere siehe „D' schwäbisch Kuche" S. 83.

Hattele von Kappaunen

Hühnerbrust-Spießchen vom Grill

4 rohe Hühnerbrüste, Salz und Pfeffer, 250 g Kalbsnierenfett, 1 EL Schnittlauch, fein gehackt, 4 Bogen Pergamentpapier, 8 Schaschlikspieße, 60 g flüssige Butter

Jede Hühnerbrust wird in 2 flache Scheiben geschnitten, die man zwischen Pergamentpapier dünn ausklopft und mit Salz und Pfeffer würzt. Das Kalbsnierenfett fein hacken, leicht würzen und mit Schnittlauch vermischen. Diese Masse streicht man auf die Hühnerbrustscheiben. Nun werden die Fleischscheiben einzeln aufgerollt, auf die Spieße gesteckt, mit Butter bepinselt und über offenem Feuer gegrillt.

Der Kapaun: Unter dieser alten Bezeichnung versteht man einen verschnittenen, gemästeten Hahn, der durch Kastration und spezielle Mast viel Fleisch hatte. Durch die moderne Geflügelaufzucht gibt es heute jedoch nur noch wenige Monate alte gemästete Brathühner.

Hönner im Daig

Hühnerstrudel

Strudelteig: 200 g Mehl, 50 g Butter, 1 Ei, 1 Prise Salz, etwa 4 EL warmes Wasser. Füllung: 3 Tassen Reste vom gegarten Hühnerfleisch, fein gehackt, 100 g Butter, zerlassen, 1 Sträußchen Petersilie, fein gehackt, 1 Zwiebel, gehackt und braun gebraten, 2 ganze Eier, 2 Eigelb, 1 EL Zitronensaft, Salz und Pfeffer, Muskatnuß oder Ingwer, 2–3 Tassen Fleischbrühe

Zur Herstellung des Strudelteiges knetet man die Zutaten zu einem nicht zu festen Teig, bis er sich von Hand vom Brett löst. Nun läßt man den außen mit etwas Wasser befeuchteten, abgedeckten Teig in einer bemehlten Schüssel 1 Std. ruhen. Auf bemehltem Backbrett wird er dann hauchdünn ausgerollt und auf einem mit Mehl bestäubten Tuch ausgezogen. Für die Füllung werden die hierfür angegebenen Zutaten vermengt und abgeschmeckt. Damit bestreicht man den ausgezogenen Strudelteig, rollt ihn mit dem Tuch in eine gebutterte Kasserolle oder einen Topf und gießt die Fleischbrühe auf. So wird der Strudel etwa 40 Min. in der Röhre gebacken, wobei er von Zeit zu Zeit mit etwas zerlassener Butter bestrichen wird. Dazu reicht man eine Petersiliensoße, s. S. 139.

Seite 89: Husarenpratten (Rezept Seite 75)
Seite 90: Leber-Vöglen (Rezept Seite 76)

LA BONNE PESCHE

Kaffiola

Schmackhaftes Hühnergericht

1 gekochte Henne, enthäutet, entbeint, das Fleisch kleingehackt, 2 EL flüssiges Hühnerfett vom Kochsud, 4 Eier, 1 EL Parmesankäse, 1 kleine Prise Zucker, Salz und weißer Pfeffer, 1 gestrichener TL Muskatnuß, gerieben, 1 TL Ingwer, fein gerieben, 1 Bund Frühlingszwiebeln, geschnitten, 6 Markknochen, 80 g Butter

Garnitur: 1 EL Schnittlauch, etwas Muskatnuß, etwas grob gestoßener Pfeffer

Das Hühnerfleisch wird mit dem Hühnerfett, den Eiern und dem Käse vermengt und mit wenig Zucker, Salz und Pfeffer sowie Muskatnuß und Ingwer abgewürzt. Dann unterhebt man das ausgelöste Knochenmark und die Frühlingszwiebeln und füllt die Masse in eine gut ausgebutterte, feuerfeste Form. Ausgebacken wird der Auflauf unabgedeckt in der auf 170–180° vorgeheizten Röhre. Ist die Eiermasse gestockt, kommt der Kaffiola mit Schnittlauch, Muskatnuß und grob gestoßenem Pfeffer bestreut zu Tisch.

Kappaun im Mantel

Heute 1 Brathuhn, 1,3 kg, Salz und Pfeffer, 1 Zweig Liebstöckel oder Petersilie, 1 EL Butterschmalz
Teig: 750 g Weizenmehl, 3 Eier, 1 Tasse Öl, 1 TL Salz, etwa ¾ Tasse warmes Wasser

Zur Herstellung des Ölteiges das Mehl mit den Eiern, dem Öl, Salz und Wasser verkneten. Er sollte anschließend 1 Std. ruhen. Dann wird das gewaschene Huhn abgetupft, innen wie außen mit Salz und Pfeffer gewürzt, außen zusätzlich mit etwas Öl eingepinselt. Die Kräuter gibt man in das Huhn. Nun rollt man den Ölteig kleinfingerdick zu einem runden Fladen aus und bepinselt diesen auf der Oberfläche mit Öl. Darauf kommt das Huhn, mit der Brust nach unten. Die Fladenenden werden auf allen Seiten über das Huhn hochgezogen und über dem Rücken mit etwas Wasser zusammengeklebt.
Anschließend gibt man das Butterschmalz in die Bratpfanne, dazu das ummantelte Huhn (mit der Brust nach oben). Das Ausbacken erfolgt in der auf 180° vorgeheizten Röhre und dauert etwa 1½ Std. Bei dieser Zubereitung wird das Huhn zwar nicht rösch, dafür aber wohlschmeckend saftig und ist besonders geeignet für die Diätküche.
Dazu serviert man eine Geflügelsoße, s. S. 136.

Seite 91: Tauben in Rotweinsoose (Rezept Seite 95)
Seite 92: Fischpudding vom Lochbachhöcht (Rezept Seite 106)

Paprika-Hühner

Eine Art Hühnergulasch

2 Brathühner, Salz und Pfeffer, 2 EL Butterschmalz, 2 Zwiebeln, gehackt, 3 TL Paprikapulver, edelsüß, 5 Tassen Fleischbrühe, 1 Tasse Sahne, 1 Tasse Rotwein, 1 Prise Zucker, 1 kleine Msp Cayennepfeffer

Garnitur: ½ rote Paprikaschote, ½ gelbe Paprikaschote, ½ grüne Paprikaschote, Salzwasser, leicht gesüßt

Die gewaschenen Hühner werden in jeweils vier Teile geschnitten, mit Salz und Pfeffer gewürzt, in einem Topf in heißem Fett goldgelb angebraten, dann herausgenommen und beiseite gelegt.
In das verbliebene Fett gibt man die Zwiebel und das Paprikapulver und läßt beides etwa 2 Min. schmoren. Dann wird mit der Fleischbrühe, der Sahne und dem Rotwein gelöscht. Nun kommen die Hühnerviertel, eine Prise Zucker und nach Belieben Cayennepfeffer hinzu. Das Ganze läßt man abgedeckt so lange kochen, bis das Fleisch gar ist. Zuletzt wird die Soße auf die erforderliche Menge eingekocht, durchpassiert, abgewürzt und mit den Hühnervierteln gereicht.
Für die Garnitur schneidet man die Paprikaschoten in größere Dreiecke. Diese kocht man im leicht gesüßten Salzwasser etwa 3 Min. und verteilt sie, mit der Glanzseite nach oben, bunt gemischt auf den Hühnerteilen.

Paprika: Der Arzt Chanes aus Sevilla, ein Weggenosse von Christoph Kolumbus bei der 2. Fahrt nach Südamerika 1493–1496, brachte von dort erstmals Paprikasamen nach Spanien, wo er zunächst als Zierpflanze gezogen wurde. Schon bald fand man ihn auch in portugiesischen Gärten. Auf dem Handelsweg kam er von dort auf die Balkaninsel, wo er durch bulgarische Bauern (sicherlich türkischer Abstammung) und türkische Eroberer nach Ungarn gebracht wurde.
Der ungarische Autor Jósef Csapó erwähnt 1593 in seinem Pflanzenbuch erstmals den Paprikaanbau in seinem Land. 1918 gelang es dem ungarischen Paprikazüchter Ernö Obermayer endlich, den Szegediner Paprika zur veredelten Stammpflanze der heutigen, so farbschönen Früchte zu kultivieren.
Etwa seit dieser Zeit wurde dieses Gemüse vereinzelt auch nach Süddeutschland exportiert. Erst nach 1945 zogen deutschstämmige ungarische Flüchtlinge dann auch in Augsburger Gärten rote, grüne und gelbe Paprikafrüchte. Seit dieser Zeit wurde der Paprika in Augsburg erst richtig bekannt.
Der milde Rosenpaprika stammt von der roten Fruchtwand.

Saure Endte

1 Ente, halbiert, die Haut mehrfach eingestochen, Salz und Pfeffer, 10 dünne Speckscheiben, 2 EL frisches Basilikum, kleingeschnitten, 2 EL Petersilie, kleingeschnitten, 1 Zwiebel, kleingeschnitten, 10 Scheiben Ingwer, dünn geschnitten, 1 TL Thymian, getrocknet, etwa ¼ l Fleischbrühe
Soße: 70 g Butter, 1 EL vorgebräuntes Mehl, 2 EL gebräunte Zwiebelringe, ½ l Fleischbrühe, Essig nach Belieben, 2 Lorbeerblätter, 10 Wacholderbeeren, 10 Nelken, 1 TL schwarze Pfefferkörner, ½ Zitronenschale, 1 Tasse saure Sahne, 1 TL Honig, 1 Glas Rotwein

Die Speckscheiben werden in einer Kasserolle ausgelegt und mit Basilikum, Petersilie, Thymian und Ingwer gewürzt. Darauf kommen die mit Salz und Pfeffer gewürzten Entenhälften, mit der Schnittseite nach unten. So werden sie in der Röhre abgedeckt gegart. Dabei wird die Fleischbrühe tassenweise zugegeben und das Fleisch mehrmals mit dem Bratensaft begossen.
In der Zwischenzeit läßt man in einem Topf die Butter zergehen, rührt das vorgebräunte Mehl ein und löscht das Ganze mit Fleischbrühe und Essig ab. Dazu kommen die Zwiebelringe, die Gewürze, Sahne und der Bratensaft. Dieser Soßenansatz sollte 40 Min. kochen. Zuletzt wird die Soße durchpassiert, auf die erwünschte Menge eingekocht und mit Honig, Rotwein, eventuell etwas Essig, Salz und Pfeffer abgeschmeckt. Die Entenhälften sollten vor dem Servieren noch kurz in der Soße marinieren.
Als Beilage gibt es Augsburger Mehlknöpflein, s. S. 144, oder Semmelknödel, s. S. 154.

Tauben in Rotweinsoose

Gebratene Tauben in Rotweinsoße (Abb. S. 91)

4 junge Tauben, 4 Zweiglein Petersilie, Salz und Pfeffer, 80 g Butter, 3 EL Öl, ½ l Fleischbrühe, 2 Glas Rotwein, ½ Tasse Sahne, 1 EL Karotten, kleingeschnitten, 2 EL Staudensellerie, kleingeschnitten, 1 EL Lauch, kleingeschnitten, 1 Zwiebel, kleingeschnitten, 2 Knoblauchzehen

In jede Taube wird ein Petersilienzweiglein gelegt. Dann werden die Tauben mit Salz und Pfeffer gewürzt, in einer Pfanne in schäumendem Öl-Butter-Gemisch auf allen Seiten scharf angebraten und mit Fleischbrühe abgelöscht. Nun gibt man die Tauben samt Bratensaft, die Karotten, Zwiebel, Knoblauchzehen, den Sellerie, Lauch, Wein und die Sahne in eine Kasserolle und läßt alles in der auf 190° vorgeheizten Röhre garen.

Anschließend werden die Tauben entnommen und warm gestellt. Der verbliebene Bratensaft ist auf die erwünschte Menge einzukochen und abzuseihen. Wer will, kann ihn auch etwas eindicken. Zuletzt erhitzt man die Tauben nochmals kurz in der Röhre und reicht sie mit der Soße überzogen. Dazu passen Teigwaren.

Truthahn gefüllt

Gefüllter Truthahn

1 Truthahn, 2–2,5 kg, 2 größere Scheiben grüner Speck, 5 Scheibchen Karotten, ½ Zwiebel, geschnitten, ¾ l Fleischbrühe, Salz und weißer Pfeffer
Füllung: ½ Tasse, etwa 90 g Reis, 1 l Fleischbrühe, 200 g frische Steinpilze oder Champignons, gescheibt, 125 g gekochte Schinkenwürfel, 60 g Butter, 4 EL Sahne, 3 Eier, 1 EL Petersilie, fein gehackt, Salz, weißer Pfeffer

Zunächst wird der Reis in der Fleischbrühe 16 Min. gekocht, abgeseiht und mit den Pilzscheibchen sowie den übrigen Zutaten der Füllung vermengt, abgewürzt und eingefüllt. Nach dem Zunähen der Füllöffnung, nachdem der Truthahn gewürzt ist, umwickelt und umschnürt man die Brust des Geflügels mit den Speckscheiben.
Dann gibt man den Truthahn mit der Brühe und dem Gemüse in eine Pfanne. Diese bleibt ca. 1–1½ Std. in der auf 200° erhitzten Röhre, bis der Vogel gar ist. Während dieser Zeit den Braten mehrmals mit Brühe oder Wasser aufgießen und die Flüssigkeit wieder einkochen lassen. Am Ende der Garzeit entfernt man die Speckstreifen, damit auch die Brust schön braun wird.
Die Füllung wird als Beilage zum Fleisch gereicht.

Weisse Kappaunen mit gelber Soose

Weiße Hühnerbrüste in gelber Soße

4 halbe Hühnerbrüste, enthäutet, Salz und Pfeffer, 80 g weiche Butter, 4×2 EL Hühnerbrühe, 4 Blatt Alufolie

Die Hühnerbrüste werden mit Salz und Pfeffer gewürzt, mit Butter eingerieben, jede Brust einzeln mit 2 EL Hühnerbrühe in eine Alufolie eingeschlagen und in der Röhre bei 200° ca. 15–20 Min. gegart.
Dazu serviert man die gelbe Soße, s. S. 136.

Wild

Faysan in Krawt

Fasan in Sauerkraut

1 junger Fasan, einige Tage abgehangen, Salz und Pfeffer, 150 g Butter, 125 g geräucherter Speck, in kleine Würfel geschnitten, ¾ kg Sauerkraut, gewässert, gut abgetropft, 2 Lorbeerblätter, 10 Wacholderbeeren, 1 Zwiebel mit 10 eingesteckten Nelken, 1 Tasse trockener Weißwein, 1 gestrichener TL Zucker, 1 EL Schweineschmalz

Der gewürzte Fasan wird in Butter braun angebraten und der Länge nach halbiert. Nun streut man in eine gut gebutterte Auflaufform die Speckwürfel und belegt diese mit den beiden Fasanenhälften, wobei die Schnittflächen nach unten kommen. Darüber verteilt man das Sauerkraut mit den Gewürzen und begießt dieses mit dem Weißwein. So läßt man das Gericht abgedeckt bei 200° in der Röhre etwa 50 Min. schmoren.
Vor dem Servieren wird das Kraut mit Salz und Pfeffer sowie etwas Zucker und Schweineschmalz abgeschmeckt.
Die Fasanenhälften werden mit den Speckwürfeln auf dem Kraut liegend aufgetragen.

Rephöner gebratten

gebratene Rebhühner

2 junge Rebhühner, 2 TL Basilikum und 1 TL Bohnenkraut (Trockenkräuter, gemischt), Salz und Pfeffer, 1 Zwiebel, gescheibt, 6–8 Scheiben geräucherter Bauchspeck, dünn geschnitten, 80 g Butter, ⅛ l süße Sahne, 1 Tasse Johannisbeerwein oder Portwein, 1 l Fleischbrühe, 1 Msp Zimt, 5 Nelken, einige Butterflocken, eisgekühlt

Die Rebhühner werden innen mit dem Trockenkräutergemisch eingerieben, dann gewürzt, mit den Speckscheiben ummantelt und zusammen mit der Zwiebel und der Butter in der Röhre bei etwa 200° gebraten. Sobald die Zwiebelringe bräunen, wird mit der Fleischbrühe aufgegossen, die man fast ganz einbraten läßt. Dieser Vorgang ist mehrmals zu wiederholen. Sind die Speckscheiben kroß, werden sie abgenommen und zur Seite gelegt. Gegen Ende der Garzeit übergießt man die Rebhühner mit der Sahne. Sobald die Hühner gar sind, werden sie entnommen und warm gehalten.
Dann läßt man die Soße unter Zugabe der restlichen Sahne und des Weins mit Zimt und Nelken auf die erwünschte Menge einkochen. Sehr gut schmeckt es, wenn 1 TL Hagebuttengelee mitgekocht wird. Man kann die Tunke auch etwas eindicken. Nach dem Abschmecken werden in die Soße noch einige kalte Butterflocken eingeschwenkt.
Die Rebhühner serviert man mit der Soße, mit den Speckscheiben bestreut.

Kalter Rächziemer

Garnierte, kalte Rehrückenfilets, für 6–8 Personen

1½ kg Rehrücken, 15 Wacholderbeeren, im Mörser feinst gestoßen, ¼ l Burgunder Rotwein, Salz und Pfeffer, 2 EL Butterschmalz

Garnitur: 150 g Kalbsleberwurst, 50 g Butter, weich, 5 Wacholderbeeren, feinst zerstoßen, etwas Salz und Pfeffer, 1 EL Madeirawein, Cocktailkirschen

Die beiden Filets werden von den Rückenwirbeln gelöst, mit den feinst gestoßenen Wacholderbeeren eingerieben und in ein Linnen gerollt. Dieses legt man in eine Schale und übergießt es mit dem Rotwein. Dann stellt man die Filets drei Tage kühl. Aus den Rückenknochen kann man eine gute Wildsuppe oder -soße herstellen.
Nach den drei Tagen werden die Filets herausgenommen, mit Salz und Pfeffer gewürzt und in der Pfanne auf allen Seiten in heißem Butterschmalz rösch gebraten. Wenn die Filets auf Fingerdruck noch etwas nachgeben, sind sie innen rosa, so wie sie sein sollten. Nach dem Erkalten werden die Filets in dünne Scheiben geschnitten und garniert.
Für die Herstellung der Garnitur verrührt man die Kalbsleberwurst mit der Butter und würzt sie mit den gestoßenen Wacholderbeeren, Salz und Pfeffer sowie dem Madeirawein. Dann spritzt man diese Creme auf die Filets und setzt obenauf je eine Kirsche.
Man kann die Filets auch mit einer braunen Chaudfroid-Wildsoße mit etwas Aspik überziehen und dann mit Wachteleiern, Mandarinen oder nur mit Pistazien garnieren.

Rächschlegel in Raumsoos

Rehschlegel in Rahmsoße

Beize: ¾ l Wasser, ¼ l Rotwein, ⅓ Tasse Rotweinessig, 1 Zwiebel, 2 Lorbeerblätter, 10 Nelken, 10 Wacholderbeeren, zerdrückt, 5 Pimentkugeln, 1 TL Koriander, 1 TL schwarze Pfefferkörner
Fleisch: 1 Rehschlegel, entbeint, Salz und Pfeffer, 5 EL Öl
Soße: ¼ l Rotwein, Schale einer Zitrone, 2 TL Johannisbeergelee, 1 Tasse Lauch, kleingeschnitten, ½ Tasse Sellerie, kleingeschnitten, ½ Tasse Karotten, kleingeschnitten, 2 EL Zitronensaft, 1 Prise Zucker, ⅛ l Sahne, etwas Essig, Mehl, einige Butterflocken

Zunächst wird mit allen angegebenen Zutaten die Beizflüssigkeit aufgekocht, die man wieder erkalten läßt. In diese Beize legt man den Rehschlegel, so daß er gut bedeckt ist. Nach 4–6 Tagen ist das Fleisch bereit zur weiteren Verarbeitung.

Nach dieser Beizung brät man den mit Salz und Pfeffer gewürzten Schlegel mit den Zwiebeln (heute am besten im Dampftopf) in Öl auf allen Seiten scharf an. Dann löscht man mit der Beizflüssigkeit samt den Gewürzen und den Kräutern ab. Dazu kommen der Rotwein, das Johannisbeergelee und die Zitronenschale. Unter Dampfdruck wird der Schlegel schließlich weich gekocht, nach dem Garen entnommen und warm gehalten. Die Soße ist durchzupassieren.
Nun wird die Sahne mit dem Mehl glattgerührt und in die Soße gegeben, die man kurz aufwallen läßt. Zuletzt schmeckt man die Soße mit Salz, Pfeffer, Zitronensaft, Essig und Rotwein sowie mit den eingerührten Butterflocken ab.
Vor dem Servieren wird der Schlegel für 20 Min. in diese heiße Tunke gegeben.
Dazu reicht man Spätzle.

Rächleber mit Eisbersbeeren

Gebratene Rehleber mit Johannisbeeren

125 g geräucherter Speck, gewürfelt, 60 g Zwiebel, grob gehackt, 1 Rehleber, 600–700 g, in kleinfingerdicke Scheiben geschnitten, 1 EL Mehl, 2 EL Öl, Salz und Pfeffer, 70 g Butter, 4 EL Schwarzbrotstifte, d. h. Schwarzbrot, bleistiftdick geschnitten, 175 g Johannisbeeren, 1 TL Zucker oder nach Belieben etwas Zitronensaft

In einer Pfanne läßt man den Speck und die Zwiebel leicht bräunen. Dann wird beides entnommen, nur das ausgelassene Speckfett bleibt in der Pfanne. Nun werden die Leberscheiben mit Mehl paniert und in dem Speckfett unter Zugabe von 2 EL Öl auf beiden Seiten gebraten, so daß sie innen noch rosa sind.
Nach dem Abwürzen mit Salz und Pfeffer hält man die Leberscheiben auf der Anrichtplatte warm. Anschließend läßt man in einer anderen Pfanne die Butter zergehen, gibt den Speck, die Zwiebel und Brotstifte sowie die Johannisbeeren mit Zucker und Zitronensaft dazu, schwenkt das Ganze gut durch und verteilt es auf die Leberscheiben.

Salmi von Wildenndten

2 Wildenten, ½ Tasse Öl, 1 l Wasser, Schale einer Zitrone, 4 Pimentkugeln, 10 Nelken, 1 Tasse Sahne, Salz und Pfeffer, 100 g Butter, 1 EL Schalotten, gehackt, ¼ l Rotwein, 1 TL Mehl zum Eindicken, 1 Msp Cayennepfeffer, ½ Tasse Madeira oder nach Belieben 1 EL Butterflocken

Die Brust- und Schenkelstücke der Wildenten werden herausgeschnitten. Der Rücken, die Flügel und die Innereien (außer den Lebern) sind kleinzuhacken, in Öl scharf anzubraten, mit Wasser abzulöschen und unter Zugabe der Zitronenschale, Pimentkugeln und den Nelken sowie der Sahne mindestens 1 Std. zu einem Entenfond aufzukochen.
Dann werden die mit Salz und Pfeffer gewürzten Brust- und Schenkelstücke mit den Schalotten in schäumend heißer Butter goldgelb gebraten, sodann mit dem Rotwein und etwas Entenfond abgedeckt gedünstet, anschließend entnommen und warm gestellt.
Der verbleibende Entenbratensaft wird durchpassiert, mit dem restlichen Entenfond zusammengegossen, auf die erwünschte Soßenmenge eingekocht, etwas eingedickt und mit Salz, Pfeffer, Cayennepfeffer, Madeirawein und Butterflocken abgeschmeckt. Darin läßt man dann die Entenstücke 15 Min. heiß marinieren.
Als Beilage werden Blätterteigmonde gereicht.

Schnepfen-Pudding

2 Schnepfen, knusprig gebraten, 100 g Butter, 1 EL Zwiebel, feinst gehackt, 2 Tassen Fleischbrühe, 1 EL Petersilie, feinst gehackt, 2 Semmeln, kleinst gewürfelt, in Butter goldgelb geröstet, 4 Eier, Salz und Pfeffer, 1 Msp Muskatnuß, ½ TL Oregano, 1 TL Majoran, etwas Zitronenschale, gerieben, 80 g Butter, für die Form 1 EL Semmelbrösel

Die gebratenen, erkalteten Schnepfen werden von den Knochen gelöst und mundgerecht kleingeschnitten. Anschließend zerstößt man die Knochen und Karkassen, brät sie in 100 g Butter mit den Zwiebeln scharf an und löscht dann mit Fleischbrühe ab. Nun die Petersilie hinzugeben und den Sud ½ Std. kochen lassen. Dann wird abgeseiht, wobei ¼ l reiner Knochensud übrigbleiben sollte. In diesen Knochensud werden 4 verquirlte Eier eingesprudelt, die gerösteten Weißbrotwürfel eingerührt und das Ganze mit Salz, Pfeffer, Muskatnuß, Oregano, Majoran und Zitronenschale abgeschmeckt. Jetzt kommt das kleingeschnittene Schnepfenfleisch hinzu. Das Ganze läßt man dann ½ Std. ruhen.
Nach dieser Zeit rührt man die Masse nochmals durch, füllt sie in eine dick ausgebutterte und mit Semmelbröseln bestreute flache Form und läßt den Pudding abgedeckt im kochenden Wasser in der Röhre bei 140° stocken. Zum Servieren wird der Pudding gestürzt. Da Puddings oftmals schlecht aus der Form gehen, legt man heute die gebutterte Form mit einer seitlich überstehenden, ebenfalls gebutterten Alufolie aus. So läßt sich der Pudding leicht aus der Form stürzen und von der Folie befreien.
Dazu eine Steinpilzsoße, s. S. 141.

Wildbredt – Eingmacht

Wildragout von Hirsch, Reh oder Hase

1 kg Wildbret, Salz und Pfeffer, 100 g Butter, ³/₄ l Wasser, besser Fleischbrühe, ¹/₄ l Rotwein, am besten trockener Burgunder, ¹/₂ l Sauerrahm, ¹/₄ Tasse 5%iger Rotweinessig, 1 Zwiebel, 1 Tasse Lauch, kleingeschnitten, ¹/₂ Tasse Sellerie, kleingeschnitten, ¹/₂ Tasse Karotten, kleingeschnitten, ¹/₂ Zitrone, 1 Lorbeerblatt, 10 Nelken, 1 TL schwarze Pfefferkörner, 4 Pimentkugeln, 1 TL Wacholderbeeren, etwas zerdrückt, einige getrocknete Rosmarinspitzen, 1 TL Johannisbeergelee oder Marmelade, 2–3 EL in der Pfanne trocken gebräuntes Mehl, eventuell eine Prise Zucker, einige Butterflocken, eisgekühlt

Das in mundgerechte Stücke geschnittene und gewürzte Wildbret wird in heißer Butter scharf angebraten und mit dem Wasser, Wein, Rahm, Zitrone, Essig, der Zwiebel sowie allen Kräutern und Gewürzen wie auch dem Johannisbeergelee weich gekocht (heute am besten im Dampftopf).
Dann entnimmt man die Fleischstücke und passiert die Soße durch. Anschließend wird das gebräunte Mehl mit etwas Wasser zu einem flüssigen Teig verarbeitet. Davon rührt man so viel in die kochende Soße, bis die erwünschte Konsistenz erreicht ist.
Nun schmeckt man die Tunke mit Salz, Pfeffer, etwas Zucker, einem Schuß Rotwein und Essig sowie den eingeschwenkten Butterflocken ab und läßt die Fleischstücke darin noch ¹/₂ Std. Geschmack annehmen, ehe man das Ragout serviert.
Dazu gibt es Semmelknödel, s. S. 154.

Fisch
und andere Fastenspeisen

All-Spiess vom Feuer

Über offenem Feuer gebratene Aalstücke

1 Aal, frisch vom Fang, Salz und Pfeffer, etwa 30 frische, breite Salbeiblätter, einige Zweiglein Rosmarin, 100 g Butter, zerlassen

Der Aal wird zum Entschleimen mehrfach mit Salz eingerieben und abgespült. Dann hängt man ihn am Kopf auf und schneidet rings um den Kopf herum die Haut ein, so daß man sie nach unten abziehen kann. Nach dem Ausnehmen wird der gewaschene Aal in etwa 3 cm lange Stücke geschnitten, mit Salz und Pfeffer eingerieben und quer auf einen Spieß gesetzt, wobei zwischen den Aalstücken je 2–3 frische Salbeiblätter mit aufgespießt werden. Die Rosmarinzweiglein schnürt man um die Aalstücke herum.
Nun bindet man den Spieß an einen längeren Ast oder Holzstab, damit man den Aal nicht auf den Rost legen muß, sondern ihn über offenem Feuer braten kann. Während des Bratens werden die Aalstücke abwechselnd mit flüssiger Butter und Salzwasser bestrichen.

Dörrfischplat, überglüht

Überglühte Stockfischplatte

800 g Stockfisch, 8 Scheiben entrindetes Weißbrot (Toastscheiben), Salz, weißer Pfeffer, 70 g Butterflocken, 1 Msp Safran, 2 Zwiebeln, in Ringe geschnitten, 2 Knoblauchzehen, feinst gescheibt, 100 g Butter, 2 EL Parmesankäse, gerieben, einige Butterflocken

Garnitur: 1 EL Petersilie, gehackt, 1 TL schwarzer Pfeffer, grob gestoßen

Die Stockfischseite wird zum Aufweichen mindestens 24 Std. gewässert, wobei man das Wasser häufig wechselt. Ein ganzer, nicht halbierter Stockfisch (auch Titling genannt) muß vor dem Wässern mit einem runden Holz etwas geklopft werden. Nach dem Aufweichen entnimmt man die Gräten, schneidet ihn in Portionsstücke und zieht die Haut ab.
Nun eine ausgebutterte Kasserolle, heute am besten eine hitzebeständige Glasform, mit den Weißbrotscheiben auslegen. Darüber kommen die Fischtranchen, die mit Butterflocken bestreut und kaltem Wasser aufgegossen werden, so daß es daumendick hoch über dem Fisch steht. Nachdem man den Safran hinzugegeben hat, soll der Fisch abgedeckt aufkochen und knapp ¼ Std. bei reduzierter Hitze weitergaren. In der Zwischenzeit die Zwiebelringe und Knoblauchscheibchen in der Butter glasig dünsten.
Zuletzt werden die Fischscheiben nebeneinander in eine andere ausgebutterte feuerfeste Form gelegt, mit den gut abgetropften Weißbrotscheiben bedeckt und mit ein paar Butter-

flocken, den glasierten Zwiebeln und dem Parmesan bestreut und in der Röhre unterm Grill kurz gratiniert.
Zum Servieren in der Gratinierform bestreut man die Fische mit Petersilie und grob gehacktem Pfeffer.
Dazu gibt es Kartoffelsalat.

Stockfische: sind ausgenommene, an der Luft getrocknete Fische, hauptsächlich Kabeljau, Seelachs und Schellfische. Werden Stockfische zur Haltbarmachung noch zusätzlich gesalzen und von der Mittelgräte befreit, so nennt man sie Klippfische (in Holland Laberdan). Mit dem Einsalzen wurde im 14. Jahrhundert begonnen, im 15. Jahrhundert wurde es von dem Holländer Beukelszoon wesentlich verbessert. Durch den Transithandel kamen schon im 14. Jahrhundert Stockfische in die Augsburger Küchen. Um das Aufweichen zu erleichtern, gab man damals Soda und seit dem 19. Jahrhundert Pottasche in das Aufweichwasser. Zum Gratinieren der Speisen wurde ein kleiner Rost mit glühenden Kohlen über das Gratin gehalten.

Dopfa-Matjes

Matjes in Sahnequark

6 Matjesfilets, 375 g fetter Quark, abgerührt, 9 EL Sahne, 1 TL grob gestoßener Pfeffer, 1 Bund Dill, fein gehackt, 1 kleine Zwiebel, fein gehackt, 1 Bund Schnittlauch, fein geschnitten

Die Matjesfilets werden mit einem möglichst schweren Messer fein gehackt, mit Quark, Sahne, Pfeffer, Dill und Zwiebeln vermengt und mit Schnittlauch bestreut serviert.
Dazu passen Pellkartoffeln oder harte Eier.

Matjesheringe: Heringe, die noch keine Milch oder Rogen gebildet haben, nennt man Matjes, d. h. jungfräulich. Dieses Wort kommt vom holländischen Meisje, zu deutsch Mädchen. Die Heringe werden nach dem Fang ausgenommen, gesalzen und in Fässern gereift. Ihr Aussehen ist bei natürlicher Reifung (ohne Zusätze) blaß. Der nordische Matjes wird zusätzlich mit etwas Zucker gereift, wodurch sein Fleisch rötlich ausbeizt. Heringe können bis zu 25 Jahre alt werden.

Salzheringe: Noch bis etwa 1940 stand in jedem größeren Augsburger Spezerei- oder Kolonialwarengeschäft, wie man damals die Lebensmittelläden nannte, ein Holzfaß mit eingesalzenen Heringen. Diese so problemlos haltbaren, anrüchigen Nordmeerbewohner waren über Jahrhunderte hinweg eine wichtige, auch besonders billige Eiweißquelle für breite Bevölkerungsschichten Augsburgs.

Fastenmuscheln

Eine Art Fischfrikadelle

2 Salzheringe, gewaschen, 2 Tassen Milch, 40 g Butter, weich, 2 Eigelb, 70 ml Milch, etwa 3 EL Semmelbrösel, 1 EL Petersilie, fein gehackt, 2 TL Zitronensaft, weißer Pfeffer, 2 Eiweiß, 1 Prise Salz, 4 große Schalen von Jakobsmuscheln oder 8 kleine von Miesmuscheln, 20 g Butter, 1 TL Semmelbrösel, einige Butterflocken

Die Salzheringe werden enthäutet, entgrätet, kleingehackt, in 2 Tassen Milch eingeweicht und nach einer Stunde abgeseiht. Dann rührt man die Butter mit den 2 Eidottern (die Eier zuvor zur Auftemperierung 5 Min. in warmes Wasser legen) schaumig.
Anschließend wird das Heringshack mit 70 ml Milch, den Semmelbröseln, der schaumig gerührten Butter, Petersilie und ein wenig Pfeffer zu einem leichten Teig verarbeitet. Zuletzt wird das Eiweiß mit einer Prise Salz 5 Min. steif geschlagen, dem Fischteig untergehoben, dieser auf die ausgebutterten Schalen verteilt, mit Semmelbröseln und Butterflocken bestreut und in der auf 170° vorgeheizten Röhre 15 Min. gebacken.
Dazu gibt es eine Kukummern-Soos (Gurkensoße), s. S. 139, und grüne Salate.

Fischpudding vom Lochbachhöcht

für 6 Personen (Abb. S. 92)

450 g rohes, ausgelöstes Hechtfleisch, eisgekühlt (entspricht in etwa einem Hecht von 900–1000 g), 70 g Butter, schaumig gerührt, 2 kleinere Eier, kalt, 370 g Milch, eisgekühlt, 1 kleine Zwiebel, geschnitten, Salz und weißer Pfeffer, 1 EL Dill, gehackt, 1 EL Petersilie, gehackt, Abgeriebenes einer halben Zitrone, 2 TL Zitronensaft, 20 g Butter, 1 TL Mehl

Das Hechtfleisch wird mit der Zwiebel zweimal feinst durch den Fleischwolf gedreht und mit der Butter vermengt. In diese Masse rührt man nacheinander die kalten Eier ein. Dann wird die Fischmasse ¼ Std. aufgeschlagen, wobei man nach und nach die kalte Milch zugibt. Nun würzt man mit Salz und Pfeffer ab und gibt den Dill, den Zitronensaft sowie die Petersilie und geriebene Zitronenschale hinzu.
Dieser Fischteig kommt in eine ausgebutterte, mit Mehl bestäubte Puddingform und wird mit geschlossenem Deckel in einem großen, mit heißem Wasser gefüllten Dunsttopf, der ebenfalls gut abgedeckt ist, etwa eine ¾–1 Std. gegart.
Danach wird der Fischpudding gestürzt und mit der Dillsoße, s. S. 135, heiß gereicht.

Fischsalat

Kaltgericht

4 Matjesfilets, gescheibt, 1 Bismarckhering, gescheibt, 1 mittelgroße Essiggurke, gescheibt, 2 säuerliche, geschälte Äpfel, gescheibt, 1 noch lauwarme Pellkartoffel, gescheibt, 2 EL Sahne, 125 g Mayonnaise, Salz und Pfeffer, 1 Prise Zucker, 1 Prise Cayennepfeffer

Garnitur: 2 harte Eier, geviertelt

Die Zutaten werden behutsam vermengt, mit Salz, Pfeffer, Zucker und Cayennepfeffer abgeschmeckt und garniert mit Eiervierteln serviert.

Gebratene Froschschenkel

24 Froschschenkel, abgezogen, ½ l Mehl, 4 EL Milch, ½ Tasse Öl, Salz und weißer Pfeffer, 1 EL Knoblauch, fein gehackt, 80 g Butter, flüssig

Garnitur: 1 EL Petersilie, gehackt

Die gewaschenen Froschschenkel werden 1 Std. in kalter Milch eingelegt. Dann läßt man sie abtropfen, wendet sie in Mehl und läßt sie in der Pfanne in heißem Öl unter stetem Wenden 1½–2 Min. braten. Anschließend wird das Öl abgegossen. Nun gibt man die Butter, den Knoblauch sowie Salz und Pfeffer dazu, schwenkt das Ganze 1 Min. durch und serviert sie heiß, mit Petersilie bestreut.
Wenn die Froschschenkel über offenem Feuer gebraten werden, schmecken sie durch den hinzukommenden Räuchereffekt unübertrefflich gut.

Frösche: Leider sind sie heute durch fehlende Tümpel und Weiher, wie auch durch Bachregulierungen selten geworden. Dabei waren sie früher in Augsburg eine beliebte, billige Zuspeise. Zumeist wurden sie in einer Weißwein-Bechamelsoße gereicht. Doch die beste aller Zubereitungsarten dürfte die hier angeführte sein.
Das Fangen der Frösche und ihre küchenfertige Vorbereitung war früher Sache der Kinder. Wir töteten sie wie Fische, zogen sie ab und spießten jeweils ein Dutzend Froschschenkelpaare auf die von uns gefertigten, dünnen Weidenringe, für die uns Anfang 1930 ein Augsburger Viktualienhändler 12 Pfennig bezahlte. Bedauerlicherweise werden heute die importierten Frösche meist grausam geschlachtet, weswegen man sie in Deutschland zur Zeit mit gutem Recht meidet, bis die Tötungen wieder so schnell und schmerzlos wie möglich durchgeführt werden.

Gebrattnen Höcht

Gebratener Hecht

1 Hecht, etwa 1,2–1,5 kg, 3–4 mittelgroße Kartoffeln, Salz und Pfeffer, 1½ EL Ingwer, fein gerieben, etwa 20 Nelken, 2 Tassen trockener Weißweinessig, 200 g Butter, zerlassen

Garnitur: Zitronenscheiben

Der Hecht wird unter fließend kaltem Wasser ausgenommen, gewaschen, abgetupft und längs auf beiden Seiten am Rücken alle 3 cm etwa 7 mm tief eingeschnitten. Dann setzt man den mit Salz und Pfeffer gewürzten Fisch in eine gebutterte Bratpfanne. Damit er nicht kippt, werden die Kartoffeln hintereinander in die Bauchhöhle gesteckt. Anschließend die Einschnitte mit heißem Essig beträufeln und mit Ingwer und Nelken füllen. Nun kommt der Hecht in die auf 180° vorgeheizte Röhre. Während des Bratens wird der Fisch mehrmals mit zerlassener Butter bestrichen, damit auch die Schnittstellen nicht trocken werden.

Gselchte Forhella

Geräucherte Forellen

4 frische Forellen, ohne Köpfe und Flossen, 2 l Wasser, 140 g Salz, 2 Handvoll feines Buchensägemehl, etwas Tannengrün, 2 Kiefernzapfen, zerstückelt

Zuerst wird das Salz im kalten Wasser aufgelöst. In diese kalte Salzlake werden die ausgenommenen, gewaschenen Fische eingelegt und 17 Std. kühl gestellt. Danach wäscht man den an den Fischen entstandenen Salzschleim mit kaltem Wasser gründlich ab.
Nun tupft man die Fische ab und läßt sie 5 Std. auf einem Gitter oder aufgehängt trocknen. Erst 20 Min. vor dem Servieren werden die Fische heiß geräuchert, was heute sehr einfach in einem kleinen Camping-Räucherofen geschehen kann. Da nur 2 Fische hineinpassen, muß man sie nacheinander räuchern, wobei man bei jedem Räuchergang eine Handvoll Buchensägemehl, etwas Tannengrün und einen zerrupften Kiefernzapfen auf den Boden des Räucherofens streut. Dann wird der Räucherofen verschlossen und das Spiritusgefäß unter den Räucherofen gestellt. Nach 20 Min. Räucherzeit sind die Fische servierbereit.
Die geräucherten Forellen sollten frisch aus dem Rauch, noch heiß, mit Apfelsahnemeerrettich und Schwarzbrot genossen werden.

Seite 109: Hummerragout (Rezept Seite 113)
Seite 110: Makrele mit Stachelbeeren (Rezept Seite 116)

Häringskotelette

Gebackene Heringsplätzchen

2 große Salzheringe, 1 Semmel, geschnitten, 1 Tasse Milch, warm, 30 g Butter, flüssig, 2 EL Sauerrahm, 1 Ei, 1 EL Dill oder Petersilie, gehackt, 1 Zwiebel, gehackt, Salz und Pfeffer, etwas Semmelbrösel, 1/3 Tasse Öl oder Fritierfett

Garnitur: 4 Zitronenscheiben

Zunächst sind die Fische mehrere Stunden zu wässern und gut abzutupfen. Dann werden die Semmelscheiben in Milch eingeweicht und gut ausgepreßt. Anschließend hackt man die Fische fein, vermengt sie mit den aufgeweichten Semmelschnitten und allen übrigen Zutaten und würzt mit Salz und Pfeffer ab. Sollte der Teig zu locker sein, kann man ihn mit etwas Semmelbrösel verfestigen.
Aus dem Teig werden 4 fingerdicke Plätzchen geformt, in Semmelbröseln gewendet und in heißem Öl oder (heute) in der Friteuse goldgelb gebacken.
Dazu schmeckt Kartoffelsalat.

Hummerragout

(Abb. S. 109)

2 lebende Hummer, je 700–800 g, in kaltem Wasser gereinigt, 50 g Butter, weich, 100 g Butter, weich, 1/2 Tasse Cognac, 1 Tasse Fisch- oder Fleischbrühe, 1/2 Tasse trockener Weißwein, 1 Tasse Sahne, 1 EL Zwiebel, kleingehackt, 2 EL Karotten, kleingehackt, 2 EL Staudensellerie, kleingehackt, Salz und Pfeffer, 1 Prise Zucker, 1 TL Zitronensaft, etwas Cayennepfeffer

Garnitur: 4 Dillsträußchen

Man taucht die Hummer mit den Köpfen voran so lange in sprudelnd kochendes Wasser, bis sich die Schwanzflosse ruckartig nach unten bewegt. Danach legt man sie sofort in eiskaltes Wasser. Dann werden sie der Länge nach halbiert, das Hummerfleisch aus den Panzern, Scheren und Beinen gelöst und in mundgerechte Stückchen geschnitten, wobei man die entlang des Rückens verlaufenden Därme entfernt und das hinter den Köpfen befindliche, schwarz-grüne Corail auffängt.

Seite 111: Bachene Knoblauch-Schnecken (Rezept Seite 119)
Seite 112: Grüne Krepfflein (Rezept Seite 124)

Das Corail der beiden Hummer wird mit der gleichen Menge weicher Butter, etwa 50 g, gut verknetet und auf Eis gelegt. Anschließend zerstößt man die Panzer, Scheren und Beine möglichst klein und läßt sie in 100 g schäumender Butter hochrot rösten.
Nun wird der Pfanneninhalt mit Cognac übergossen und abgeflammt. Sobald die Flamme erlischt, kommen die Fisch- oder Fleischbrühe, der Wein, die Sahne, die Zwiebeln, Karotten und der Staudensellerie hinzu. Das Ganze sollte etwa 15 Min. köcheln.
Nach dieser Zeit wird die Flüssigkeit durchpassiert, und man läßt die Hummerteile einige Minuten darin garen. Zuletzt wird das Hummerfleisch auf die vorgewärmten Teller verteilt, die durchpassierte Kochflüssigkeit mit der Corailbutter aufgeschlagen, eventuell etwas eingedickt, gewürzt und über die Hummerteile gegossen.
Dann serviert man das Ragout, mit einem Dillsträußchen garniert. Dazu wird Blätterteiggebäck oder Weißbrot gereicht.

Kabeliau in Millich

Kabeljau, in Milch gedünstet

4 Portionen Kabeljaufilet, 1 EL Zitronensaft, Salz und weißer Pfeffer, ¾ l Milch, 70 g Butter, 1 Tasse Petersiliensoße, s. S. 139

Garnitur: 4 Scheiben Zitrone, 4 Blättchen Petersilie

Die Kabeljaufilets werden mit dem Zitronensaft gesäuert, mit Salz und Pfeffer gewürzt und in 90° heißer Milch mit Butter etwa 7 Min. gegart. Durch diese Milchgarung erhält der Fisch eine schöne weiße Farbe. Dann gießt man die Tellerböden mit der Petersiliensoße aus, setzt die Fischtranchen darauf und garniert sie mit Zitronenscheiben und Petersilienblättchen.
Dazu passen Petersilienkartoffeln.

Karpffen jüdisch

Süß-saurer Karpfen

1 Karpfen, bis 1,5 kg, geschuppt, 70 g Butter
Sud: 350 ml Weinessig oder nach Belieben, 750 ml Wasser, Schale einer Zitrone, 10 Nelken, 3 Lorbeerblätter, 3 EL Zwiebeln, geschnitten, 125 g Lebkuchen, gerieben, 125 g Zucker oder nach Belieben, Salz und Pfeffer, 50 g Butter

Garnitur: 1 EL Kapern

Der Karpfen wird quer in Portionsstücke geschnitten, die man nebeneinander in eine gut ausgebutterte Pfanne legt. In der Zwischenzeit kocht man den Essig mit dem Wasser, der Zitronenschale, den Nelken, Lorbeerblättern und Zwiebeln ½ Std. auf. Dann seiht man die Flüssigkeit ab, würzt sie mit Zucker, Salz und Pfeffer und gibt sie schließlich zusammen mit den Lebkuchenbröseln über den Fisch. So sollten die Fischtranchen abgedeckt etwa 25 Min. garen, nicht kochen, wobei die Soße etwas eindickt, die zuletzt nochmals abgeseiht wird. Zum Servieren werden die Karpfenstücke auf die Anrichtplatte gelegt, mit der Lebkuchensoße bedeckt und mit Kapern bestreut.

Fische in Augsburg: Augsburg war keine fischreiche Stadt. Im Lech und in der Wertach gab es hauptsächlich Nasen und Forellen. So bezog man die beliebten Krebse aus dem Altmühltal, Renken vom Ammersee, Karpfen und Hechte aus Nördlingen, Oettingen und Dinkelsbühl. Letztere wurden in Brunnen, Teichen und Fischkästen am Graben gehalten. Zur Fütterung warf man ihnen Ochsenleber vor und goß Blut in das Wasser, damit Wasserläuse wachsen konnten, welche die Fische zusätzlich ernährten. Nach der Fischordnung des Rates von 1549 waren die Fischer verpflichtet, ihre Ware nur am Fischmarkt neben dem Rathaus oder am Graben, und zwar von Donnerstag bis Samstagnachmittag, zu veräußern, wobei am Graben keine bereits getöteten Fische angeboten werden durften. Am Ende des Dreißigjährigen Krieges waren die Weiher vor der Stadt derart ausgeplündert, daß der Rat der Stadt erwog, die Geistlichkeit zu bitten, an Fasttagen auch den Verzehr von Fleisch zu genehmigen.

Krepse gsotten

Gekochte Krebse

32 Krebse, sie sind am besten in der Zeit vom 1. Juli bis 30. September, gut gebürstet und gewaschen, ½ l leicht gesalzenes Wasser oder Fleischbrühe, ¼ l trockener Weißwein, 1 Tasse Sellerie, kleingeschnitten, 2 Tassen Lauch, kleingeschnitten, 1 Tasse Karotten, kleingeschnitten, 1 Sträußchen Dill, kleingeschnitten, 1 Sträußchen Petersilie, kleingeschnitten, 1 Zwiebel, kleingeschnitten, 2 Lorbeerblätter, 80 g Sahne, 60 g Butter, Salz und Pfeffer

Das Wurzelgemüse wird mit dem Wasser und dem Wein etwa 10 Min. gekocht. In diese sprudelnd heiße Brühe werden die gereinigten Krebse nacheinander mit dem Kopf voran etwa eine Minute eingetaucht, bis sie die Schwanzflosse nach innen drehen. Dann nimmt man sie heraus und legt sie zur Seite.

Sind alle Krebse getötet, kommen sie zusammen wieder in den kochenden Sud, in dem sie abgedeckt 5 Min. garen. Dann werden die Krustentiere entnommen und warm gestellt, während man den Kochsud mit der Sahne einkochen läßt, so daß nur 2 Tassen Flüssigkeit verbleiben. Diese Soße wird durchpassiert, mit Sahne, Salz und Pfeffer abgeschmeckt und zu den Krebsen gereicht.
Dazu schmeckt frisches Weißbrot.

Makrele mit Stachelbeeren

Gebratene Makrelen in Stachelbeermark (Abb. S. 110)

1 große Makrele, 80 g Butter, Salz und Pfeffer nach Belieben, 300 g Stachelbeeren, Saft einer Zitrone

Die Makrele wird gewürzt, in Portionsstücke geschnitten und in Butter gebraten. In der Zwischenzeit werden die frischen Stachelbeeren durchpassiert und das so erhaltene Mark mit Zitrone nachgesäuert.
Zum Servieren werden die heißen Makrelenstücke mit dem Stachelbeermark überzogen. Dazu reicht man kleines Blätterteiggebäck. Man kann auch Reis als Beilage reichen, allerdings sollte man dann die Stachelbeermenge erhöhen.

Lechhecht-Knöpfle in Saffransoss

Knöpfle: 400 g Hechtfleisch (entspricht etwa einem 800 g schweren Hecht), 375 g Sahne, sehr kalt, 5–6 g Salz, weißer Pfeffer, 2 TL Zitronensaft, 60 g Schlagsahne, sehr kalt, 1 Eiweiß, 5 Min. steif geschlagen, 1 Sträußchen Dill, fein gehackt
Kochsud: 1½ l Wasser, Flossen, Kopf, Haut und Gräten des Hechts, 2 EL Lauch, geschnitten, 1 EL Sellerie, geschnitten, 1 EL Karotten, geschnitten, ½ Zitrone, gescheibt, Stengel des Dillsträußchens, 2 Lorbeerblätter, etwas Salz
1½ Tassen Safransoße, s. S. 140

Garnitur: einige Dillzweiglein

Den geschuppten Hecht legt man auf ein feuchtes Tuch. Dann wird der Fisch mit dem Messer der Länge nach halbiert. Aus den beiden Fischhälften schabt man mit einem Eßlöffel das Fischfleisch ohne Gräten heraus und stellt es möglichst kühl.
Flossen, Kopf, Haut und Gräten werden mit dem Wurzelzeug, den Zitronenscheiben, den

Dillstengeln und den Lorbeerblättern in 1½ l Salzwasser etwa ½ Std. gekocht und dann durchpassiert. In diesem Sud werden die Knöpfle gegart.
Zur Herstellung der Knöpfle gibt man das Hechtfleisch, die flüssige Sahne, den Zitronensaft sowie Salz und weißen Pfeffer (heute) in den Mixer. Dort werden die Zutaten durchgearbeitet, bis eine homogene Masse entsteht. Dieser Farce wird die Schlagsahne, der Eischnee und der Dill untergehoben. Dann werden mit dem Teelöffel kleine, längliche Klößchen abgestochen, die man im köchelnden Fischsud 3–4 Min. garen läßt, bis sie an der Oberfläche schwimmen.
Zum Servieren kommt in jeden Teller etwas Safransoße, s. S. 140, und darauf die mit Dillzweiglein garnierten Hechtknöpfle.

Picklinge gepratten

Gebratene Bücklinge in Pfannkuchen

2 Bücklinge, 70 g Butter, 4 dünne Pfannkuchen

Garnitur: 1 hartes Ei, klein gewürfelt, 1 EL Schnittlauch

Zunächst werden die Pfannkuchen gebacken und warm gehalten. Dann trennt man von den Heringen die Köpfe ab, zieht die Haut herunter und zerteilt die Fische vom Rücken aus in 2 Hälften, so daß die Gräten entfernt werden können.
Diese Tranchen werden in heißer Butter kurz angebraten und in die Pfannkuchen gewickelt. Zum Servieren bestreut man die Pfannkuchen mit den Eiwürfeln und dem Schnittlauch.

Sardellen-Schnecken

Schnecken in Sardellenbutter

24 Weinbergschnecken (heute auch aus der Dose), 24 Schneckenhäuschen, gut abgekocht, 6 Sardellen, mit dem anhaftenden Salz feinst gestoßen, 100 g Butter, weich, 1 TL Zwiebel, fein gerieben, 1 gestrichener TL frischer Ingwer, fein gerieben, 1 TL Zitronenschale, fein gerieben, 1 kleine Knoblauchzehe, fein gerieben, 1 gestrichener TL Pfeffer, grob gestoßen, 2 TL Zitronensaft, weißer Pfeffer, 1 Prise Zucker

Die Sardellen werden mit der Butter schaumig gerührt und mit den übrigen Zutaten abgeschmeckt. Dann steckt man in jedes Schneckenhaus eine Schnecke, dichtet die Öffnung

mit der Sardellenpaste ab und stellt die Schneckenhäuser mit der Öffnung nach oben in die Schneckenpfanne. Eine Viertelstunde vor dem Servieren gibt man die Schnecken in die auf 80–90° vorgeheizte Röhre, wo sie heiß werden, aber nicht braten dürfen.
Dazu gibt es Weiß- oder Toastbrot.

Schnecken: Schnecken, früher auch Alpengeflügel genannt, waren im 15. Jahrhundert noch eine Fastenspeise. Aus dem 16. Jahrhundert wird berichtet, daß sie am Josefstag, am Benediktstag sowie an Mariä Verkündigung in Süddeutschland überall auf die Tische kamen. Etwas später feierte man am Gumpigen Donnerstag wie auch am Aschermittwoch sogenannte Schneckenbälle, allerdings nur für die Herren. Auf diesen Festen wurden vielerlei delikate Schneckengerichte aufgetragen. Die Damen waren vom Essen ausgeschlossen und durften erst zum anschließenden Tanz erscheinen.

Schneckenzubereitung

Zubereitung lebender Weinbergschnecken

36 lebende Weinbergschnecken, 3 l Salzwasser, 750 g grobes Salz, 1 l Wasser, ½ l Weißwein, 1 Zwiebel, 1 Sträußchen Kerbel, 1 Sträußchen Petersilie, 1 gestrichener TL Rosmarin, 1 TL Salz, Pfeffer, etwas Zucker

In Frankreich läßt man die Schnecken nach dem Fang zunächst in einer verschlossenen Kiste etwa vier Wochen aushungern, damit die Bitterstoffe der aufgenommenen Kräuter ausgeschieden werden, da diese angeblich den Geschmack des Schneckenfleisches mindern. In Augsburg wurden die lebenden Schnecken schon immer zunächst in kaltem Wasser gründlich gewaschen und anschließend in sprudelnd heißem Salzwasser 10 Min. gekocht, wodurch sie getötet werden und sich aus den Gehäusen lösen. Dann kann man sie mit einer gebogenen Nadel leicht herausziehen.
Nun wird der hintere Teil und die Kriechsohle vom vorderen, muskulösen Körper abgetrennt. Zur Beseitigung des Schleims reibt man sie mit viel grobem Salz gründlich ab und überspült sie mit reichlich kaltem Wasser. Zuletzt werden sie in einem Sud aus ⅓ Wasser, ⅔ Weißwein, Zwiebeln, frischem Kerbel, Petersilie, wenig Rosmarin sowie Salz und Pfeffer nochmals 8–10 Min. gekocht. Die so vorbereiteten Schnecken kann man anschließend wie die heutige Dosenware weiterverarbeiten.
Zur Weiterverwendung der Gehäuse werden diese ¼ Std. ausgekocht, mit heißem Wasser überspült und in der Röhre bei 50° getrocknet.

Schneckenragout

4 Dutzend gekochte Schnecken (heute auch aus der Dose), 1 EL Butterschmalz, 2 EL Zwiebel, gescheibt, 2 TL Mehl, trocken vorgebräunt, 4 Tassen Fleischbrühe, 10 Nelken, 10 Wacholderbeeren, 1 TL schwarze Pfefferkörner, 2 Lorbeerblätter, 3 EL gehackte Suppenkräuter, Salz und Pfeffer, Zucker nach Belieben, Essig nach Belieben, ½ Tasse Rotwein, 70 g Butterflocken

Garnitur: 1 EL Korinthen

Die Zwiebelscheiben werden im Fett angebräunt. Dann wird das vorgebräunte Mehl hinzugerührt und mit Fleischbrühe abgelöscht. Nun kommen die Kräuter und Gewürze dazu. Das Ganze sollte etwa 30 Min. köcheln.
Dann passiert man die Ragoutsoße durch, kocht sie auf die erforderliche Menge ein und schmeckt sie mit Salz, Pfeffer, Rotwein und Butterflocken ab. Vor dem Servieren läßt man die Schnecken darin 20 Min. Geschmack annehmen. Das Schneckenragout wird mit Korinthen bestreut serviert. Dazu reicht man kleine Semmelknödel, s. S. 154.

Bachene Knoblauch-Schnecken

Überbackene Knoblauch-Schnecken (Abb. S. 111)

24 gekochte Schnecken (heute auch aus der Dose)
Paste: 1 TL Petersilie, fein gehackt, ½ TL Zwiebel, fein gehackt, 10–12 Knoblauchzehen, fein gehackt, 1 Msp Muskatnuß, Abgeriebenes einer halben Zitrone, 2 TL Zitronensaft, Salz und Pfeffer, 1 EL Semmelbrösel, 80 g Butter, weich

Aus den Zutaten wird eine Paste bereitet. Davon gibt man etwas in jede Vertiefung einer Eierpfanne, darauf kommen je 2 Schnecken, die mit der restlichen Paste bestrichen werden. Vor dem Servieren kommt die Eierpfanne für etwa 20 Min. in die auf 80 ° vorgeheizte Röhre. Früher wurden diese Schnecken mit Rindermarkscheiben bedeckt, die in der Röhre schmolzen und auf den Schnecken pikant schmeckten. Dazu paßt Weißbrot oder Toast.

Knoblauch: Vor etwa 5000 Jahren kam der Knoblauch von Innerasien über Vorderasien nach Ägypten und über Griechenland nach Italien. Von Sidonius Apollinaris wissen wir, daß unsere germanischen Vorfahren den Knoblauch schon um die Zeitwende kannten. Seit dieser Zeit ist er ebenso begehrt wie gehaßt. Er ist nicht nur ein dominantes Aromatisierungsmittel, sondern auch ein uraltes Stoffwechselstimulans für den ganzen Körper. Zwar verhindert er nicht das Älterwerden, aber er erhält dennoch jung.

Bachener Waller

Überbackener Waller

1 fangfrischer Waller, etwa 1,5 kg, 2 Tassen Salz zum Abreiben, 2 EL Zitronensaft, Salz und Pfeffer, 2 Kartoffeln, 1 EL Mehl, 125 g Butter, zerlassen, 1 Tasse Semmelbrösel, 1 TL Parmesan, gerieben, 2 El Petersilie, gehackt, 1 Tasse Sahne

Garnitur: Zitronenscheiben

Der Waller wird zur Beseitigung des Schleims zweimal mit Salz abgerieben und jeweils kalt nachgewaschen. Dann bepinselt man den Fisch innen wie außen mit Zitronensaft, würzt ihn mit Salz und Pfeffer und setzt ihn, so wie er schwimmt, in eine gebutterte Bratpfanne. Damit er nicht kippt, werden zwei in der Größe passende Kartoffeln in das Bauchinnere gesteckt.
Nun wird der Waller mit zerlassener Butter bepinselt und mit einem Gemisch aus Semmelbröseln, Parmesan und Petersilie bestreut. Anschließend wird er in der auf 160 ° vorgeheizten Röhre so lange gebacken, bis sich die Flossen ausziehen lassen. Während der Backzeit wird der Fisch abwechselnd mit Butter und Sahne beträufelt. Zur Garnierung wird er mit Zitronenscheiben umgeben.
Dazu serviert man Blattspinat oder Mangoldgemüse mit Bouillonkartoffeln und zerlassener Butter.

Weißfisch-Bratwürstlein

Rostgebratene Fischwürstchen

500 g rohes, ausgeschabtes, durchpassiertes Fleisch vom Weißfisch, eisgekühlt, 2 Eiweiß, 300 g Sahne, eisgekühlt, Salz und weißer Pfeffer, 1 gestrichener TL Ingwerpulver, 1 EL frischer Dill, fein gehackt, 1 EL Petersilie, fein gehackt, 1 EL Zitronensaft, 2 Eiweiß, steif geschlagen, Schafdärme, gereinigt, gewendet

Das durchpassierte rohe Fischfleisch wird mit 2 Eiweiß, der Sahne sowie mit Salz, Pfeffer und Ingwer (heute am besten im vorgekühlten Mixgerät) kurz durchgearbeitet, so daß das Fischeiweiß nicht ausflockt. Dann mischt man die Kräuter, den Zitronensaft und den Eischnee dazu, gibt die Masse in eine Spritze und füllt damit die Därme, die entsprechend der Würstchengröße mit einer nicht brennbaren Schnur abgebunden werden.
Diese Fischwürstchen schmecken vom Rost wie auch aus dem Kessel.

Gerichte aus Mehl, Reis, Kartoffeln und Eiern

Aprikosen-Reisauflauf

¾ l Milch, 140 g Reis, mit kochendem Wasser gebrüht, 250 g Butter, 6 Eigelb, 70 g Zucker, 1 Prise Salz, 2 EL Semmelbrösel, Abgeriebenes einer Zitrone, 1 EL Zitronensaft, 6 Eiweiß, 5 Min. steif geschlagen, Aprikosenmarmelade

In der kochenden Milch löst man 100 g Butter. Darin läßt man den Reis unter stetem Rühren etwa 16 Min. weich kochen und anschließend erkalten. In der Zwischenzeit werden die restlichen 150 g Butter mit 6 Eigelb, 3 EL Semmelbrösel, 70 g Zucker, 1 EL Zitronensaft und dem Abgeriebenen einer Zitrone gut schaumig geschlagen und in die erkaltete Reismasse eingerührt. Zuletzt unterhebt man behutsam den Eischnee.
Nun wird die Auflaufform gut ausgebuttert und der Boden etwa 2 cm dick mit der Reismasse belegt. Darauf streicht man, etwa 3 mm hoch, die Aprikosenmarmelade. Hierauf kommt wieder eine Lage Reis mit Aprikosenmarmelade usw.
Die oberste Reislage bestreut man mit Zucker. So wird der Auflauf in der Backröhre bei mittlerer Hitze etwa eine ¾–1 Std. gebacken. Dazu passen Kompotte.

Arme Ritter

Süßer Semmelauflauf

6 alte Semmeln, etwas warme Milch, 30 g Butter, 125 g gestoßene Mandeln, 125 g Sultaninen, 125 g Korinthen, 4 Eier, 150 g Zucker, 2–3 cl Rum oder Arrak, 600 ml Milch, angewärmt, etwas Zimt

Garnitur: Puderzucker

Die Semmeln werden in 8–10 mm dicke Scheiben geschnitten, kurz in der warmen Milch gewendet und nebeneinander in eine gebutterte Auflaufform geschichtet. Ist die erste Lage ausgelegt, bestreut man sie mit gehackten Mandeln, Sultaninen und Korinthen. Hierauf kommt die zweite Semmelschicht, die wiederum genauso bestreut wird. So kommt Schicht auf Schicht.
Nun werden die Eier mit dem Zucker, Rum und Zimt schaumig geschlagen. Dieser Masse rührt man 600 ml warme Milch unter und gießt die Flüssigkeit in die Auflaufform, jedoch nicht so hoch, daß die Semmeln ganz bedeckt sind. Dann läßt man den Auflauf unabgedeckt in der Bratröhre etwa 50 Min. backen, bis die Flüssigkeit stockt und die oberste Lage eine goldgelbe Farbe annimmt.
Vor dem Servieren wird der Auflauf mit Puderzucker bestreut.

Ayr-Köchlein

Eierkuchen

6 Eier, 5 EL Wasser, 4 EL Semmelbrösel, Salz und weißer Pfeffer, etwas Muskatnuß, 1 EL Petersilie, fein gehackt, 1 EL gebräunte Zwiebeln, 1 EL Schweineschmalz

Die Eier werden mit den Zutaten verrührt und in einer Pfanne mit etwas Schweineschmalz in der auf 200° vorgeheizten Röhre gebacken.

Eyerhaber

Dick gebratener Pfannkuchen

4 Eier, 125 g Mehl, etwa 200 g Milch, 1 EL Zucker oder nach Belieben, 1 Prise Salz, 70 g Butter

Garnitur: 2 EL Zimt und Zucker, gemischt

Das Mehl wird mit Milch, Zucker und dem Eigelb zu einem Teig gerührt. Dann schlägt man das Eiweiß mit einer Prise Salz steif, bis der Eischnee Spitzen zieht, und unterhebt ihn dem Teig, so daß ein etwas festerer Flädleteig entsteht.
Anschließend wird in einer Pfanne die Butter erhitzt, der Teig eingegossen, gebraten und dann mit 2 Gabeln in kleine Stücke gerissen. Danach wird das Ganze über dem Feuer nochmals kurz durchgeschwenkt. Zuletzt stürzt man die Eierhaberstücke auf eine vorgewärmte Servierplatte und bestreut sie mit dem Zimt-Zucker-Gemisch.

Basilikum-Spatzen

Gekräuterte Teigspatzen

500 g Mehl, 3 Eier, 1 Tasse Milch, 1 gestrichener TL Muskatnuß, 100 g Spinat, Salz, 2 Sträußchen Basilikum, kleingeschnitten, Salz und Pfeffer, 3 EL Parmesankäse, 80 g Butterflocken

Zuerst blanchiert man den Spinat, preßt ihn gut aus und hackt ihn fein. Nun wird das Mehl mit den Eiern, der Milch, Muskatnuß und Spinat zu einem glatten Teig gerührt und mit dem Spatzenhobel ins kochende Salzwasser gedrückt.

Sobald das Kochwasser aufschäumt, hebt man mit dem Schaumlöffel die Spatzen aus dem Topf, läßt sie nur kurz abtropfen und belegt dann den Boden der Servierschüssel damit. Dieser Belag wird mit Salz und Pfeffer gewürzt und mit Basilikum und Parmesan bestreut. Darauf kommen die weiteren Schichten, die ebenso zu belegen sind. Die oberste Lage wird ebenfalls gewürzt und mit Butterflocken bestreut. Dann deckt man die Spatzen ab und gibt sie zum Überbacken etwa 10 Min. in die auf 80° vorgeheizte Röhre.
Knoblauchliebhaber können die Spatzenschichten noch zusätzlich mit feinst gescheibtem Knoblauch belegen.
Dazu schmeckt Tomatensalat.

Kartoffelschmarn

Kartoffelschmarren

5 gekochte Kartoffen, kalt, 2 Eier, ½ Zwiebel, gehackt, 1–2 EL Mehl, Salz und Pfeffer, 1 Msp Muskatnuß, 1 EL Schweineschmalz

Die Kartoffeln werden geschält, grob gerieben, mit den Eiern und Zwiebeln sowie dem Mehl unter Zugabe von Salz, Pfeffer und Muskatnuß zu einem dicken Teig verarbeitet. Dieser wird auf die Größe des Pfannenbodens ausgerollt und in heißem Schweineschmalz auf beiden Seiten goldgelb und rösch gebacken.
Dazu gibt es Apfelmus.

Grüne Krepfflein

Grün gefüllter Nudelteig (Abb. S. 112)

Teig: 400 g Mehl, 3 Eier, etwas Wasser, 1 EL Öl, Salz
Füllung: 2 Eier leicht verquirlt, 1 Bund Schnittlauch, fein geschnitten, 1 Bund Petersilie, fein geschnitten, 1 Bund Zwiebelröhrle, fein geschnitten, 50 g Kresse, fein geschnitten, 125 g roher Bauchspeck, gewürfelt, 2 Knoblauchzehen, fein gehackt, 1 Zwiebel, fein gehackt, 50 g Butter, Salz und Pfeffer, 80 g Butter oder Schweineschmalz, Fleischbrühe oder Wasser

Das Mehl wird auf das Brett gesiebt und mit Eiern, Öl und Wasser zu einem nicht klebenden Teig geknetet. Anschließend rollt man ihn zu dünnen Fladen aus. Nun werden die Kräuter, Zwiebeln und der Knoblauch mit dem Speck in 50 g Butter kurz angedünstet, nach dem Erkalten mit dem verquirlten Ei vermengt, abgewürzt und auf die Fladen gestrichen. Diese rollt man ein, schneidet sie in 3 cm dicke Stücke, setzt diese mit der Schnittstelle nach oben in eine gebutterte Kasserolle und gießt etwa 3 cm Fleischbrühe oder Wasser auf. Sobald die Flüssigkeit kocht, setzt man den Deckel auf und läßt die Krapfen bei kleiner Hitze garen. Dazu paßt Kartoffelsalat.

Kaiserbuddin

Süße Eierspeise

140 g Butter, 10 Eigelb, 140 g Zucker, 1 Vanillestange oder heute 2 Päckchen Vanillezucker, 140 g Mandeln, fein gemahlen, 2 EL Zitronat, kleingeschnitten, 2 EL Orangeat, kleingeschnitten, Abgeriebenes einer Zitrone, 5 Eiweiß mit einer Prise Salz, Butter zum Ausfetten der Backform

Garnitur: 1 TL Puderzucker

Die Butter wird mit dem Zucker, Vanillezucker und dem Eigelb mindestens 10 Min. schaumig geschlagen. Dann kommen die Mandeln, das Orangeat und das Abgeriebene einer Zitrone hinzu. Anschließend wird das Eiweiß mit einer Prise Salz mindestens 10 Min. steif geschlagen und behutsam der Butter-Eier-Masse untergehoben.
Nun buttert man eine Backform gut aus, füllt sie mit dieser schaumigen Masse (Soufflé) und bäckt sie in der Röhre bei mittlerer Hitze goldgelb. Der Kaiserbuddin wird mit Puderzucker bestreut heiß serviert. Dazu schmeckt ein zitronengesäuertes Apfelkompott.

Käse-Auflauf

100 g Mehl, ½ l Sahne, 100 g Butter, 75 g Parmesan, gerieben, 75 g Emmentaler, gerieben, Salz und Pfeffer, 1 Prise Muskatnuß, 6 Eigelb, 6 Eiweiß, 1 Prise Salz, 50 g Butter

Das Mehl wird mit der Sahne auf dem Feuer zu einem dicklichen Brei gerührt. Dann gibt man die 100 g Butter, den Parmesan und den Emmentaler hinzu, würzt mit Salz, Pfeffer und Muskatnuß ab und läßt die Masse etwas erkalten.
Nun werden die Eidotter eingerührt. Das Eiweiß wird mit einer Prise Salz 10 Min. steif geschlagen und der Masse untergehoben. Danach füllt man diese in eine hohe, ausgebutterte Auflaufform und läßt den Käseauflauf in der vorgeheizten Röhre bei mittlerer Hitze etwa eine ¾ Std. goldgelb backen.

Kirschenmichel

Kirschen in Pfannkuchenteig (Abb. S. 130)

125 g Zucker, 50–70 g Butter, 1 Päckchen Vanillezucker, 3 Eigelb, Abgeriebenes einer Zitrone, 160 g Mehl, 3 gestrichene TL Backpulver, 140 g Grieß, 3 Eiweiß, steif geschlagen, 100 ml Milch, lauwarm, 500 g gewaschene Kirschen, entsteint, 30 g Butterflocken zum Bestreuen

Garnitur: Puderzucker und einige Kirschen

Die Butter wird mit dem Zucker und dem Vanillezucker schaumig gerührt. Dann kommt das Eigelb, die Zitronenschale, das eingesiebte Mehl mit dem Backpulver, der Grieß, der Eischnee sowie etwas Mehl hinzu, so daß ein nicht zu fester Teig entsteht, dem man zuletzt die Kirschen unterhebt. Nun wird eine Auflaufform ausgebuttert, in der man den Kirschenmichl bei etwa 160° ungefähr 50 Min. bäckt.

Krautstrudel

(Abb. S. 129)

350 g Mehl, 1 Ei, 1 TL Butter, etwas lauwarmes Wasser, etwa 15 Weißkrautblätter, ohne Strunk, fein gehackt, 1 EL Butter, 1/8 l Sauerrahm, Salz und Pfeffer, Muskatnuß, 375 g gekochter Schinken, fein gewürfelt, Butter für die Kasserolle

Garnitur: in Butter geröstete Semmelbrösel

Aus Mehl, Ei, 1 TL Butter sowie etwas lauwarmem Wasser wird auf dem Brett ein leichter Strudelteig geknetet, den man abgedeckt 1 Std. ruhen läßt. Zwischendurch dünstet man die gehackten Krautblätter in Butter und Sauerrahm weich und würzt sie mit Salz, Pfeffer und Muskatnuß.

Nun breitet man ein Tuch aus, bestäubt es mit Mehl und rollt darauf den Teig dünn aus, der dann mit den Händen fein nachgezogen wird. Anschließend wird der Strudelteig mit dem Weißkraut und den Schinkenwürfeln bestreut und eingerollt.

So wird der Strudel in eine Kasserolle gesetzt, mit kochendheißem Wasser bis zum Rand aufgegossen und anschließend abgedeckt gedünstet. Danach wird er gut abgetropft mit in Butter gebräunten Semmelbröseln bestreut und in der Röhre gratiniert.

Man kann den Strudelteig auch sehr dünn ausrollen, belegen, einrollen, auf ein Blech setzen und in der vorgeheizten Röhre bei mittlerer Hitze backen. Dabei muß er lediglich öfter mit flüssiger Butter bestrichen werden.

Dazu serviert man grüne Salate.

Raffiolen

Kalbsnierenravioli mit Röstzwiebeln

Teig: 200 g Mehl, 1 Ei, ca. 65 ml Wasser, 1 EL Öl
Füllung: 1 kleine Kalbsniere, erbsengroß gewürfelt, 50 g Butter, 125 g Kalbsbrät, 5 EL Milch, 1 EL Schalotten, fein gehackt, 2 EL blanchierter, gut ausgepreßter, fein gehackter Spinat, 1 kleines Ei, Salz und Pfeffer, 1 gestrichener TL Rosmarin, fein gehackt, Semmelbrösel, 1 TL Parmesan, etwas Eiweiß

Garnitur: 4 EL geröstete Zwiebelringe, 1 EL Schnittlauch

Zunächst wird aus Mehl, Ei, Wasser und Öl ein fester Nudelteig geknetet, der etwa 2 Std. gut abgedeckt ruhen sollte. Dann werden die Nierenwürfel in Butter von allen Seiten angebraten und mit Salz, Pfeffer und Rosmarin gewürzt. Anschließend rührt man das Brät mit Milch glatt, mischt die Nierenwürfel, die Schalotten, den Spinat, das Ei, Salz und Pfeffer, Parmesan und so viel Semmelbrösel darunter, daß ein fester Fleischteig entsteht.
Dann wird der Nudelteig hauchdünn ausgerollt und in kleine, etwa 10 × 10 cm große Quadrate geschnitten, auf die je 1½ TL Fleischmasse kommen. Anschließend bestreicht man die Teigränder mit Eiweiß, klappt die Ecken nach innen und läßt die gefüllten Nudeln etwa 15 Min. unabgedeckt in Salzwasser leicht köchelnd garen.
Serviert werden die Nudeln mit Röstzwiebeln und Schnittlauch.

Teigwaren: Als Marco Polo im 13. Jahrhundert in Peking weilte, genoß er dort fritierte, gekochte und gebratene Nudelgerichte, auch mit Fleisch, Pilzen, Fischen und Gemüse gefüllt. Sie müssen ihm so gemundet haben, daß er Ende des 13. Jahrhunderts, als er wieder nach Venedig zurückkam, sich dort all diese Gerichte nachkochen ließ, woraus die Spaghetti, Ravioli, Cannelloni, Tortellini usw. entstanden, die allerdings bis in das 20. Jahrhundert noch ohne Tomaten auf die Tische kamen.

Schinkenflecke

Schinken-Nudelauflauf

Nudelteig: 200 g Mehl, 1 Ei, etwa 100 g Wasser, 1 EL Öl, Salz
Einlage: 150 g gekochter Schinken, in Streifen geschnitten, Salz und Pfeffer, Muskatnuß, 2 EL Parmesankäse, gerieben, 100 g Butter, 1 Tasse saure Sahne

Garnitur: 1 EL Schnittlauch, gehackt

Für den Nudelteig vermengt man Mehl, Ei, Wasser und Salz, läßt den Teig 30 Min. ruhen und rollt ihn dann messerrückendick aus. Daraus werden kleine, quadratische Flecke geschnitten, in Salzwasser, dem man 1 EL Öl zugibt, al dente gekocht und anschließend unter fließend kaltem Wasser abgeseiht.
Nun schichtet man eine Lage Flecke in eine gut ausgebutterte Auflaufform und bedeckt diese mit Schinkenstreifen, Salz, Pfeffer, Muskatnuß und Parmesan. Darauf kommen die weiteren Lagen, die ebenfalls so bedeckt werden. Dann wird die oberste Schicht mit Butterflocken bestreut, mit der sauren Sahne übergossen und das Ganze abgedeckt in der Röhre bei 170° etwa 10–15 Min. gebacken.
Die Schinkenflecke werden in der Form, mit Schnittlauch bestreut, serviert.
Dazu reicht man grüne Salate.

Schwarzes Meer

Kalte, gekochte Milchreis-Schaummasse mit Schokoladensoße

Reismasse: 1½ Tassen runder Milchreis, etwa 1 l Milch, 4 Eigelb, 1 EL Zitronensaft, 2–3 EL Zucker, 3 TL Vanillezucker, 4 Eiweiß, 1 Prise Salz
Schokoladensoße: 2 EL Schokoladenpulver, 2 EL Zucker, ½ Tasse Milch oder Sahne

Zunächst wird der Reis in ¾ l Milch etwa 17–18 Min. weich gekocht und dann kalt gestellt. Die Reiskonsistenz sollte fest und nicht flüssig sein. Ist sie zu fest, kann man sie mit der restlichen Milch etwas auflockern. Dann werden die Eidotter mit dem Zitronensaft gut angerührt und nach Zugabe des Zuckers und des Vanillezuckers schaumig gerührt. Das Eiweiß schlägt man in der Zwischenzeit mit etwas Salz zu Eischnee.
Nun rührt man nach und nach die Reismasse unter den Eigelbschaum. Zuletzt hebt man den Eischnee unter die Reismasse und gießt dann das Ganze auf eine breite Servierplatte. Zuletzt wird das Schokoladenpulver mit Zucker, Milch oder Sahne dickflüssig angerührt und über den Reis gegossen.

Seite 129: Krautstrudel (Rezept Seite 126)
Seite 130: Kirschenmichel (Rezept Seite 126)

Weinschnitten

Süße, gebackene Semmelschnitten

5 alte Semmeln, ¼ l Weißwein, mit 50 g Zucker gesüßt, 2 Eier, mit 2 EL Weißwein verrührt, 1½ Tassen Semmelbrösel, 100 g Butterschmalz, 2 EL Zucker, mit 1 TL Zimt vermischt

Die Semmeln werden in etwa 10 mm dicke Scheiben geschnitten, kurz in den gezuckerten Wein getaucht und beiseite gelegt. Dann läßt man die Schnitten 20 Min. ziehen, wendet sie dazwischen mehrmals. Anschließend zieht man sie durch das Ei-Wein-Gemisch, paniert sie in den Semmelbröseln und bäckt sie in Butterschmalz goldgelb aus. Sie werden heiß, mit Zimt und Zucker bestreut, serviert.
Dazu gibt es heißen Tee oder Glühwein.

Zotten

Süßspeise

200 g Mehl, 1 Ei, etwa 60 g Wasser, ⅛ l Sahne, ¼ l Milch, 1 EL Zucker

Garnitur: 2 EL Rosinen, 1 EL gehackte Haselnüsse

Aus Mehl, Ei und Wasser ist ein fester Teig zu kneten. Dieser wird dünn ausgerollt, in etwa 3×3 cm große Flecken geschnitten, die dann etwa 1 Std. trocknen sollten. Dann wird die Milch mit der Sahne und dem Zucker zum Kochen gebracht, in dieser Flüssigkeit läßt man die Teigflecke garen.
Nach dem Abseihen werden sie auf die Teller verteilt und mit Rosinen und Haselnüssen bestreut serviert.

Seite 131: Laubfrösche (Rezept Seite 153)
Seite 132: Kalbshirn-Salat (Rezept Seite 162)

Soßen

Braune Judenöpffel-Soos

Braune Zitronensoße zu Fisch- oder Fleischgerichten

50 g Butter, 1 TL Mehl, 2 Tassen Fleischbrühe, ½ Tasse Sahne, 3 Sardellen, fein gehackt, 2 Lorbeerblätter, Saft einer Zitrone, Salz und Pfeffer nach Belieben, etwas Zucker

In der heißen, zerlassenen Butter läßt man das Mehl etwas anbräunen, dann wird mit Fleischbrühe und Sahne abgelöscht. Anschließend kommen die Sardellen und Lorbeerblätter dazu. Dieser Ansatz sollte auf die erwünschte Menge einkochen. Zuletzt rundet man die Soße mit Salz, Pfeffer, Zitronensaft und einer Prise Zucker geschmacklich ab und passiert sie durch.

Dill-Soos

Dill-Rahmsoße

60 g Butter, ½ TL Mehl, 1 Tasse Milch, ¾ Tasse Sahne, 2 TL getrockneter Dill, 1 Sträußchen Dill, fein gehackt, 2 TL Zitronensaft, Salz und Pfeffer, 1 Prise Zucker, 2 EL trockener Weißwein

Das Mehl wird mit der geschmolzenen Butter glattgerührt und mit Milch und Sahne abgelöscht. Nun kommt der Dill hinzu. Die Soße soll einmal kurz aufwallen. Zuletzt schmeckt man sie mit Zitronensaft, Salz, Pfeffer und trockenem Weißwein ab.

Ayrsoos

Eiersoße

2 hartgekochte Eier, 1 Eigelb, 6 EL Öl, 1 Bündchen Schnittlauch, geschnitten, Salz und Pfeffer, 1 Prise Zucker, 1 Msp Muskatnuß, etwas Essig

Aus den gekochten Eiern wird das Eigelb entfernt und mit der Gabel zerdrückt. Dann wird das rohe Eigelb und das Öl hinzugerührt. Nun wird mit Salz, Pfeffer, Zucker, Muskatnuß und etwas Essig gewürzt und abgeschmeckt. Zuletzt unterhebt man das gehackte Eiweiß der gekochten Eier und den Schnittlauch. Die Eiersoße paßt sehr gut zu Fisch, Geflügel, Hopfensprossensalat wie auch zu warmem Spargel und grünen Salaten.

Estragonsoos

Estragonsoße

125 g Baumöl (Olivenöl), etwas angewärmt, 2 EL Weißweinessig, 1 Msp scharfer Senf, 1 TL Zitronensaft, 1 EL frischer Estragon, fein gehackt, 2 TL getrockneter Estragon, fein verrieben, Salz und frischgemahlener Pfeffer, 1 Prise Zucker

Alle Zutaten werden ½ Std. vor dem Servieren vermengt.

Gelbe Soos

Geschmeidige Eiersoße

2 Eigelb, 160 ml Fleischbrühe, 120 g Butter, geklärt, Salz und weißer Pfeffer, etwas Zucker, 1 gestrichener TL Thymian, getrocknet, 1 gestrichener TL Estragon, getrocknet, 1 TL Petersilie, fein gehackt, 1 TL Weinessig

Das Eigelb wird (heute) mit dem Handrührgerät etwa 10 Min. im heißen Wasserbad aufgeschlagen. Dann gibt man Salz, Pfeffer, den Zucker und alle Kräuter dazu und schlägt die Masse weiter, bis sie weißlich und steif wird. Nun wird die Fleischbrühe mit der darin aufgelösten Butter erhitzt und heiß, aber nicht kochend, nach und nach in kleinen Mengen in die Eigelbmasse eingerührt.
Insgesamt wird die Soße auf halber Leistung etwa 20 Min. im heißen Wasserbad geschlagen. Schließlich würzt man mit Salz, Pfeffer, Zucker und Essig nach, und die Soße ist fertig.

Hönner-Soos

Hühnersoße

2 Eigelb, 120 g Butter, 160 ml Geflügelbrühe, etwas Honig, 1 TL Selleriesamen, getrocknet, 1 TL Liebstöckel, getrocknet, 1 TL Kümmel, 15 Mandeln, fein gerieben

Der Selleriesamen wird mit dem Liebstöckel und dem Kümmel im Mörser zu Pulver gestoßen. Dann schlägt man das Eigelb im heißen Wasserbad (heute mit dem elektrischen Handrührgerät) 10 Min. auf, gibt die Gewürze und die Mandeln hinzu und rührt so lange weiter, bis die Eimasse weißlich und fest ist.

Nun wird die Butter zusammen mit der Hühnerbrühe erhitzt und gut warm, aber nicht kochend, in kleinen Mengen über einen Zeitraum von etwa 20 Min. bei halber Leistung des Mixers in die Eimasse eingerührt.
Zuletzt rundet man die Soße mit etwas Honig, Salz und weißem Pfeffer geschmacklich ab.

Hiefen- oder Hagenputzensoos

Hagebuttensoße

Dazu braucht man zuerst das Hagebuttenmark.

Hagebuttenmark: Die Hagebutten werden gewaschen, halbiert, drei Tage kühl gestellt, damit sie aufweichen, und dann durchpassiert.

Hagebuttensoße: ½ Tasse Hagebuttenmark, ½ Tasse Zucker, ½ Tasse Weißwein, Abgeriebenes einer halben Zitrone, 2 TL Zitronensaft

Alle Zutaten werden unter stetem Rühren kurz aufgekocht. Die Hiefensoße paßt kalt oder warm zu Wild, Geflügel oder gekochtem Rindfleisch, aber auch zu Mehlspeisen.

Caparibus-Soos

Kapernsoße

2 Schalotten, fein gehackt, 3 cl Weißweinessig, 100 ml trockener Weißwein, 1 Zweiglein Estragon, 125 g Butter, 1 TL Mehl, ½ Tasse Sahne, etwas Milch, Salz und Pfeffer, 1 Prise Zucker, Saft einer drittel Zitrone, 2 EL Kapern

Den Weißwein läßt man mit dem Essig, den Schalotten und dem Estragonzweiglein auf etwa 2 EL Flüssigkeit einkochen. Dann wird das Mehl in der erhitzten Butter angeschwitzt und mit Sahne abgelöscht. Dieser Ansatz sollte kurz aufkochen. Anschließend fügt man das reduzierte Wein-Essig-Gemisch hinzu. Durch Einrühren von etwas Milch kann die Soße auf die gewünschte Konsistenz gebracht werden.
Zuletzt schmeckt man sie mit Salz, Pfeffer, Zucker, Zitronensaft und 2 EL Kapern ab.

Kapern: Die 1–2 m hohen, orchideenartigen, stacheligen Kapernblumen wachsen auf trokkenen, steinigen Böden im Mittelmeerraum, aber auch in Amerika. Sie holen mit ihren kräftigen, sogar felsensprengenden Wurzeln das Wasser bis aus 40 m Tiefe. Das Ernten ge-

schieht in mühevoller Handarbeit, vermummt und mit Handschuhen gegen Dornen geschützt, sehr früh morgens, solange die Knospen noch geschlossen sind. Die besten Kapern sind die kleinen harten und geschlossenen.

Kümichsoos

Kümmelsoße

½ l Fleischbrühe, 3 EL Kümmel, 70 g Butter, 1 TL Mehl, trocken vorgebräunt, ¼ Tasse Rotweinessig oder nach Belieben, Salz und Pfeffer, 1 EL Butterflocken

Der Kümmel wird in der Fleischbrühe eine halbe Stunde gekocht. Dann rührt man das vorgebräunte Mehl in die heiße Butter und löscht mit Essig und etwas Kümmelbrühe ab. Zuletzt wird die Soße durchpassiert und mit Salz, Pfeffer und Butterflocken geschmacklich abgerundet.
Kümmelsoße reicht man zu gedünstetem Hammelfleisch oder gebratenem Fisch.

Plutzer-Soos

Melonensoße

½ vollreife Honigmelone, geschält und entkernt, 1 Tasse Weißwein, Saft einer halben Zitrone, 1 TL Zucker oder nach Belieben

Die geschälte Melone wird kleingeschnitten, in Wein weich gedünstet, durchpassiert (heute: im Mixer durchgearbeitet), mit Zitronensaft und Zucker abgeschmeckt und kalt gestellt. Die Melonensoße eignet sich gut als Beilage zu geschnittenem, frischem Obst.
Melonen sind eßbar, reif und saftig, wenn sie sich an den gegenüberliegenden Polen mit dem Daumen leicht eindrücken lassen. Ist dies nicht der Fall, müssen sie noch ein paar Tage lagern.

Melonen: Schon im alten Ägypten wurden Melonen kultiviert. Nach Berichten von Plinius d. Älteren wie auch durch pompejanische Wandgemälde wissen wir, daß die Römer um die Zeitwende Zucker- und Wassermelonen längst kannten und zumeist frisch aßen. So dürften diese gut transportier- und haltbaren Früchte schon sehr früh in die Siedlung „Augusta Vindelicum" gekommen sein.

Krewtersoss

Kräutersoße

1 Ei, hart gekocht, feinst gehackt, 2 TL Mayonnaise, 3 EL Öl, 1 kleine Knoblauchzehe, feinst gehackt, 1 kleine Zwiebel, feinst gehackt, 1 Büschel Petersilie, feinst gehackt, 1 Bündel Schnittlauch, feinst geschnitten, 1 TL Zitronensaft, 1 gestrichener TL Muskatnuß, 1 Prise Zucker, Salz und Pfeffer

Alle Zutaten werden gut vermengt. Diese Kräutersoße paßt gut zur grünen Rinderzunge wie auch zu gedünsteten Artischocken.

Kukummern Soos

Gurkensoße

400 g Schlangengurke mit Schale, sauber gewaschen, 60 g Butter, 1 Glas Weißwein, 1 Tasse saure Sahne, Salz und etwas Pfeffer, 1 Prise Zucker, 1 EL Dill, fein gehackt, 1 Spritzer Weißwein

Die ungeschälte Schlangengurke wird in sehr kleine Würfel geschnitten. Diese werden kurz in Butter angedünstet, mit 1 Glas Weißwein und 1 Tasse saurer Sahne abgelöscht, etwa 10 Min. gekocht, durch ein Sieb gestrichen (heute: im Mixer püriert und durchpassiert), dann mit Salz, Pfeffer und einer Prise Zucker, Dill und einem Spritzer Weißwein abgeschmeckt.
Diese Soße, die warm gereicht werden sollte, paßt zu Fisch, Suppenfleisch und Lamm.

Petterling-Soos

Petersiliensoße

2 Sträußchen Petersilie, 2 Schalotten, feinst gehackt, 80 g Butter, ¼ l Fleischbrühe, 4 EL süße Sahne, Salz und Pfeffer, 1 Prise Zucker, etwas Zitronensaft, 4 EL geschlagene Sahne

Zuerst werden die Petersiliensträußchen kurz in kochendes Wasser getaucht, gut abgetropft und sehr fein gehackt. Anschließend läßt man die Schalotten in heißer Butter glasig anlaufen. Danach wird mit Fleischbrühe abgelöscht, und man fügt die Petersilie und die flüssige

Sahne dazu. Nach kurzem Aufkochen wird die Soße durchpassiert. Heute läßt sich das Pürieren viel einfacher mit dem Mixer durchführen. Zuletzt wird mit Salz, Pfeffer, Zucker und Zitronensaft abgeschmeckt.
Damit die Soße kremig wird, rührt man ihr zuletzt noch die Schlagsahne unter. Man kann diese Soße auch mit Mehlbrei binden.

Porrisoos

Lauchsoße

½ l Kalbsjus oder Bratensoße, 1 mittlere Lauchstange, fein gescheibt, ½ Tasse Sahne, Salz und Pfeffer, 50 g kalte Butterflocken

Der geschnittene, mehrfach gewaschene Lauch wird im Kalbsjus weich gekocht und durchpassiert (heute: im Mixer püriert). Dann schmeckt man die Soße mit Sahne, Salz, Pfeffer und eingeschwenkten Butterflocken ab.
Die Porrisoße paßt zu gekochtem Rindfleisch und gedünstetem Fisch.

Saffren-Soos

Safransoße

¼ l Süßrahm, 1 Msp Safranfäden, 1 Stäubchen Cayennepfeffer, 1 Prise Salz, 1 kleine Prise Zucker, 4 EL Schlagsahne

Die Zutaten läßt man zusammen 5–6 Std. am Herdrand leicht simmern und nur gelegentlich kurz aufkochen. Damit die Soße kremig wird, unterhebt man ihr vor dem Servieren noch etwas geschlagene, ungesüßte Sahne.

Safran: Die Kreuzfahrer brachten im 13. Jahrhundert den Safran, Blüte des gelben Krokus, aus dem Balkan nach Augsburg. Für 1 kg Safran müssen auch heute noch 120000 Blüten von Hand gepflückt und im Schatten getrocknet werden. Er war im Mittelalter als Heil- und Würzmittel ebenso gefragt wie als Parfüm und Farbstoff. Da der Preis sehr hoch war, kam es vielfach zu Fälschungen, obgleich die Betrüger samt ihrer sogenannten geschmierten Ware verbrannt wurden.
Im Jahre 1551 erließ der Reichstag in Augsburg ein für das ganze Römische Reich Deutscher Nation gültiges Polizeigesetz gegen den geschmierten Safran.

Sauere Kirschsoos

Kalte, dickflüssige Sauerkirschsoße

½ kg entsteinte Sauerkirschen, 1 Tasse Zucker oder nach Belieben, 1 Tasse Rotwein, 2 EL Zitronensaft, Abgeriebenes einer Zitrone, 1 Schuß Kirschwasser

Die Sauerkirschen werden mit dem Zucker und dem Rotwein 15 Min. gekocht und durchpassiert (heute: nur 8 Min. kochen und im Mixer fein pürieren).
Sollte die Soße zu dünnflüssig sein, läßt man sie noch etwas einkochen. Nach dem Abkühlen fügt man den Zitronensaft, das Kirschwasser und das Abgeriebene einer Zitrone hinzu.
Diese Soße paßt zu Grießschnitten, Reisauflauf und anderen Süßspeisen.

Schokoladensoos

Kalte Schokoladensoße

150 g Bitterschokolade, 150 ml Milch, 1 Vanillestange, ausgeschabt, 30 ml Sahne, 50 g Zucker, 40 g Butter

Zunächst läßt man die Schokolade im Wasserbad schmelzen. Dann wird in einem anderen Topf die Milch mit dem Vanillemark und der Vanilleschote kurz aufgekocht, anschließend die Sahne zugegeben und nochmals kurz zum Kochen gebracht.
Nun seiht man ab, gibt den Zucker, die Butter und die geschmolzene Schokolade hinzu, läßt das Ganze nochmals aufwallen und anschließend erkalten.

Steinpilz-Soos

250 g Steinpilze, fein gescheibt, 70 g Butter, 1 EL Zwiebel, feinst gehackt, ½ TL Mehl, 1 Tasse Sahne, eventuell etwas Fleischbrühe, 1 TL Petersilie, fein gehackt, Salz und Pfeffer, 1 Prise Zucker

Die Zwiebeln läßt man in schäumend heißer Butter anlaufen, aber nicht Farbe annehmen.
Nun werden die Steinpilzscheiben zugegeben, 1½–2 Min. mitgebraten und abgeseiht.
Die verbleibende Flüssigkeit kommt zusammen mit der Sahne in den Topf und wird mit dem Mehl glattgerührt. Das Ganze muß kurz aufkochen. Man kann die Soße auch mit Fleischbrühe verdünnen.

Dann wird die Petersilie zugegeben und die Soße mit Salz, Pfeffer und etwas Zucker abgeschmeckt. Zuletzt kommen noch die Pilze dazu, die aber nicht mehr aufkochen dürfen, damit sie nicht ledrig werden.

Wein-Schatto

Wein-Chaudeau

2 Eigelb, 2 EL Zucker oder nach Belieben, 1 EL Zitronensaft, 1 TL Mehl, 125 g Weißwein

Die Eidotter werden mit Zucker und Zitrone schaumig gerührt, wobei man das Mehl einsiebt und unterhebt. Nun wird die Masse im heißen Wasserbad weitergerührt, bis sie eindickt. Dabei wird der Wein in kleinen Mengen zugegeben. Mit mehr oder weniger Wein läßt sich die erwünschte Konsistenz herstellen.

Beilagen

Augsburger Mehlknöpflein

Eine Art Semmelknödel

2 Semmeln, fein geschnitten, ½ Tasse heiße Milch, 2 TL Butter, zerlassen, ½ Zwiebel, fein gehackt, 1 EL Petersilie, gehackt, 1 Ei, 2 TL Mehl, Salz und Pfeffer

Garnitur: 1 EL geschmälzte Semmelbrösel

Die Zwiebeln werden in der heißen Milch kurz blanchiert. Dann vermengt man alle Zutaten und würzt die Masse mit Salz und Pfeffer. Sie darf auf keinen Fall zu fest sein. Daraus formt man vier Knödel und gart sie in leicht köchelndem Salzwasser, bis sie oben schwimmen.
Als Beilage werden die Augsburger Knöpflein mit geschmälzten Semmelbröseln gereicht. Man kann sie auch als Suppeneinlage verwenden.

Dinkl Küchlen

Dinkel-Küchlein

400 g Dinkel (Körner), 2 Eier, 2 EL Mehl, Salz und weißer Pfeffer, 1 EL Butter, ⅓ Tasse Öl

Der Dinkel wird gewaschen, etwa 25 Min. in Salzwasser gekocht, abgeseiht und zum Abkühlen beiseite gestellt. Dann die Körner mit den Eiern und dem Mehl zu einem festen Teig kneten, mit Salz und Pfeffer würzen. Daraus formt man Kugeln, drückt sie flach und brät die Küchlein in einer Pfanne im heißen Butter-Öl-Gemisch goldgelb.

Ballon-Erdbirn

Aufgeblähte, fritierte Kartoffelscheiben

4 große, rohe Kartoffeln, Ausbackfett, 1 TL Salz

Die rohen, geschälten Kartoffeln werden quer in 4 mm dicke Scheiben geschnitten, auf Küchenkrepp abgetrocknet und im Ausbackfett bei ungefähr 120° (heute: in der Friteuse) so lange gebacken, bis sie oben schwimmen. Dann nimmt man sie heraus, heizt die Friteuse auf 200° und läßt die Kartoffelscheiben darin knusprig ausbacken. Durch die unter-

schiedlichen Backtemperaturen spalten sich die Scheiben innen und bauchen nach beiden Seiten aus. Mit etwas Salz bestreut ist dies eine vielseitig verwendbare, feine und zarte Kartoffelzubereitung.
Man kann diese Ballon-Erdbirn schon Stunden vorher im 120° heißen Fett vorbacken und erst kurz vor dem Servieren im 200° heißen Fett fertig garen.

Ballonkartoffeln: Als der Schweizer Physiker Professor Auguste Piccard 1931 mit seinem Assistenten Kipfer von der Austraße in Augsburg mit seinem Ballon den ersten, sensationellen Stratosphärenflug in eine Höhe von 15 781 m unternahm, brachten findige Augsburger Köche und Köchinnen schon längst ihre zu Ballons aufgeblähten Kartoffeln auf die Tische.

Bachene Zwiffel

Gebackene Zwiebel

2 größere Zwiebeln, 2 EL Mehl
Bierteig: 3 EL Mehl, Salz, ungefähr 1/8 l helles Bier, 1 Eigelb, Ausbackfett

Zunächst bereitet man den Bierteig, indem das Mehl mit dem Bier und dem Eigelb kurz aufgeschlagen und mit Salz abgewürzt wird. Mit Weizenbier wird der Teig besonders locker. Dann werden die Zwiebeln in etwas dickere Ringe geschnitten, in Mehl gewendet, anschließend in den Bierteig getaucht und im heißen Fett (heute: Friteuse) goldgelb gebacken.

Erdbirnschnitze mit Zwivel

Kartoffelschnitze mit gerösteten Zwiebeln und Semmelbröseln

1 kg speckige Kartoffeln, Salz und Pfeffer, 3 mittelgroße Zwiebeln, in Ringe geschnitten, 2 EL Semmelbrösel, 3 EL Schweineschmalz

Die rohen, geschälten Kartoffeln werden der Länge nach in vier Teile geschnitten und in Salzwasser weich gekocht. Mittlerweile schneidet man die Zwiebelringe und brät sie im Schmalz goldgelb. Gegen Ende der Bratzeit kommen die Semmelbrösel hinzu, so daß auch sie etwas bräunen.
Zum Servieren würzt man die Kartoffelschnitze mit Salz und Pfeffer nach und bestreut sie mit den gerösteten Zwiebelringen und den Semmelbröseln.

Kartoffeln: Mit dem Transithandel kamen die schon von Pizarro bei den Inkas entdeckten Kartoffeln auf die Iberische Halbinsel und von hier aus durch Barfüßermönche gegen 1564 nach Italien. Man bezeichnete sie dort als „Tartuffolo" (Trüffel), im Augsburger Raum als „Erdbire". 1585 zog man sie in den botanischen Gärten von Wien, Breslau, Frankfurt und Nürnberg. Ludwig XIII. bekam sie 1616 erstmals als besondere Delikatesse serviert. Von da an gab es sie auf den Tischen der Reichen. Angesichts der Hungersnot befahl Friedrich der Große 1742 durch ein Edikt den Anbau von Kartoffeln als Volksnahrungsmittel.

Kariviol-Auflauf

Blumenkohl-Auflauf

375 g Blumenkohl, 1/4 Lauchstange, Salzwasser, 2 Eier, 3 EL Sahne, Salz und Pfeffer, 1 EL Muskatnuß, 2 TL Zitronensaft, 20 g Butter

Garnitur: Schnittlauch

Der Blumenkohl wird in Salzwasser weich gekocht, abgeseiht und kleingeschnitten. Genauso verfährt man mit dem Lauch. Dann werden die beiden Gemüse durch ein Sieb gestrichen, mit den Eiern aufgeschlagen und gewürzt.
Heute gibt man einfach die beiden Gemüse, die Eier, Sahne und Gewürze in den Mixer, püriert die Masse etwa 1½ Minuten und füllt sie dann in kleine, ausgebutterte Förmchen, die in der Röhre im Wasserbad bei 250° 30 Min. abgedeckt gebacken werden. Man stürzt die Aufläufe heiß auf die Teller und serviert sie mit Schnittlauch bestreut. Wird das Eiweiß separat aufgeschlagen und dann untergehoben, gehen die Aufläufe besser auf.

Bachene Cucummern

Gebratene Gurken

1 Gurke, 1/2 l Wasser, 20 g Butter, 2 gehäufte TL Zucker, 1/4 Tasse 5%iger Weinessig, Salz und Pfeffer, 1 TL getrockneter Dill oder entsprechend mehr frischer Dill, etwas Zitronensaft, 1/3 Tasse Sahne, 1/3 Tasse spritziger Riesling

Die ungeschälte Gurke wird halbiert, dann holt man mit einem Löffel die Kerne heraus und läßt sie in einem halben Liter Wasser etwa 5 Min. kochen. Nun wird die Flüssigkeit abgeseiht und der Gemüsesaft aufgefangen. Anschließend schneidet man die Gurkenhälften

quer in dickere Scheiben. Jetzt läßt man in einer Pfanne den Zucker mit der Butter etwas karamelisieren und löscht dies mit dem Weinessig ab. Dazu kommen die Gurkenstückchen, der Gemüsesaft und der Dill. Das Ganze sollte so lange kochen, bis die Flüssigkeit verdampft ist.
Zuletzt werden Salz, Pfeffer, etwas Zitronensaft, die Sahne und der Riesling zugegeben, dann das Ganze kurz durchgeschwenkt und so lange auf kleiner Flamme weitergekocht, bis die Sahne etwas eindickt.
Man kann die gebratenen Cucummern auch mit frischem Dill bestreut servieren.

Käß-Küchlen

Kartoffelküchle mit Quarkfüllung

250 g Magerquark, abgetropft, 1 Ei, etwa 2 EL Mehl, 1 EL Karotten, klein gewürfelt, knackig gekocht, 1 EL Lauch, kleingeschnitten, knackig gekocht, 1 EL Sellerie, klein gewürfelt, knackig gekocht, Salz und Pfeffer, 1 Msp Muskatnuß, etwa 200 g rohe Kartoffeln, 1 Eiweiß, Öl zum Ausbacken

Aus Quark, Ei, Mehl und dem Gemüse wird ein fester Teig geknetet und mit Salz, Pfeffer und Muskatnuß gewürzt. Daraus formt man dann kleine Laibchen.
Danach werden die rohen Kartoffeln in möglichst lange, dünne Fäden (Julienne) geraspelt oder geschnitten und diese mit Hilfe des Eiweiß auf allen Seiten an die Laibchen angepreßt.
Schließlich werden die Käse-Küchlein in einer Pfanne in heißem Öl knusprig braun gebacken.

Kichera

Saures Bohnengemüse

400 g grüne Bohnen, 80 g Butter, 1 EL Mehl, 350 ml Fleischbrühe, ersatzweise Wasser, 1 Zwiebel, geschnitten, 1 Zweig Bohnenkraut, 10 Nelken, 3 EL Weinessig oder nach Belieben, 1 TL Kandiszucker, fein zerstoßen, Salz und Pfeffer, 1 Prise Zucker

Die Bohnen werden geputzt, zugeschnitten, in Salzwasser knackig gekocht und in Eiswasser abgeschreckt. Nun rührt man das Mehl in die erhitzte Butter und läßt es etwas bräunliche Farbe annehmen. Dann wird mit der Fleischbrühe abgelöscht und die Zwiebel, Nelken und der Weinessig mit dem Kandiszucker zugegeben.

Nach 25 Min. Kochzeit passiert man die Soße durch und schmeckt sie mit Salz, Pfeffer, Zucker und eventuell etwas Essig ab. In dieser Soße sollten die Bohnen vor dem Servieren noch einige Minuten ziehen.

Peterling-Hefeknopf

Eine Art Serviettenknödel aus Hefeteig

375 g Mehl, etwa 1/8 l Milch, warm, 25 g Hefe, 2 Eier, in warmem Wasser angewärmt, 50 g Butter, zerlassen, 2 EL Petersilie, gehackt, Salz und weißer Pfeffer, Salzwasser, 70 g Butter

Garnitur: 1 EL Petersilie, gehackt

Das Mehl wird in eine Schüssel gesiebt und erwärmt. In der Mitte hebt man ein Grübchen aus, in das die in warmer Milch aufgelöste Hefe mit etwas Mehl eingerührt wird. Dieser Vorteig sollte abgedeckt 30 Min. warm gestellt werden, damit das sogenannte Dämpferl aufgehen kann.
Anschließend knetet man die Eier, 50 g Butter, die restliche Milch und die Petersilie ein. Dann wird der Hefeteig mit Salz und Pfeffer gewürzt und aufgeschlagen, bis er sich von der Schüssel löst und Blasen wirft. Diesen Teig läßt man nochmals abgedeckt und warm gestellt 1 Std. gehen.
Nun bestreicht man eine Serviette mit Butter. Darauf kommt die zu einer Rolle geformte Teigmasse. Diese wird in die Serviette eingerollt, fest umschnürt und in leicht köchelndem Salzwasser, je nach Dicke 1/2–3/4 Stunde, gegart.
Zum Servieren wird die Rolle in fingerdicke Scheiben geschnitten und mit Petersilie bestreut. Das ist eine feine Beilage zu Ragouts oder zum Herrenmaus-Braten, s. S. 65.

Seite 149: Gebackene Artischocken (rechts, Rezept Seite 179) und Ochsengurgeln (links, Rezept Seite 182)
Seite 150: Gesulzte Apfelpyramide (Rezept Seite 167)

Essig

Knobloch-Erdbirn

Knoblauchkartoffeln

70 g Butter, 1½ TL Mehl, 200 ml Fleischbrühe, Salz und Pfeffer, 1 Prise Zucker, 1 TL Zitronensaft, 1 Msp Muskatnuß, 3 Knoblauchzehen oder nach Belieben, fein gehackt, 6 frisch gekochte, leicht abgekühlte Kartoffeln, in dicken Scheiben

Garnitur: 1 EL Frühlingszwiebel, gescheibt, 1 TL Knoblauch, fein gescheibt

In schäumend heißer Butter läßt man das Mehl kurz anschwitzen. Dann wird unter stetem Rühren die Fleischbrühe zugegossen und mit Salz, Pfeffer, Zucker, Zitronensaft und Muskatnuß abgewürzt. In diese etwas dickflüssige Soße kommen die Kartoffelscheiben und dazu die feingehackten Knoblauchzehen. Das Ganze sollte einige Minuten durchziehen. Falls die Soße zu sehr eindickt, kann sie mit etwas Fleischbrühe und Sahne verflüssigt werden.

Man reicht die Knoblauchkartoffeln mit aufgestreuten Frühlingszwiebeln und feingescheibtem Knoblauch.

Laubfrösche

Semmelteigrollen in Spinat (Abb. S. 131)

2 EL Zwiebel, fein gehackt, 120 g Butter, 110 g altbackene Semmeln, fein gescheibt, etwas Milch, heiß, 1½ Eier, 3 Msp Muskatblüte, Pfeffer, grob gestoßen, etwa 1½ EL Semmelbrösel, Salz und Pfeffer, 250 g großblättriger Spinat, kurz blanchiert, 1 Eiweiß mit ein paar Tropfen Wasser verquirlt, 120 g Butter zum Braten

Zuerst röstet man die Zwiebeln in Butter. In der Zwischenzeit werden die Semmelschnitten mit der Milch und den Eiern übergossen, so daß sie gut aufweichen. Dann wird mit Salz, grob gestoßenem und gemahlenem Pfeffer und Muskatblüte abgewürzt.

Anschließend vermischt man die gerösteten Zwiebeln mit etwas Semmelbrösel, so daß ein nicht zu fester Teig entsteht. Daraus rollt man fingerdicke Würstchen, wendet sie in Eiweiß und umwickelt sie mit blanchierten abgetropften Spinatblättern ohne Strunk. So sollten sie 1 Std. trocknen. Zuletzt werden sie (heute: im Dampftopf) über dem Wasser 7 Min. gedämpft und vor dem Servieren in heißer Butter geschwenkt.

Seite 151: Topfenauflauf (Rezept Seite 171)
Seite 152: Holdersekt (Rezept Seite 191)

Semmelknöpfle

Semmelknödel

4 alte Semmeln, dünn gescheibt, ⅛ l Milch, warm, 1 Ei, 60 g Butter, zerlassen, 2 EL Petersilie, fein gehackt, eventuell etwas Semmelbrösel, Salz und weißer Pfeffer

Die Semmelschnitten werden mit der Milch und der zerlassenen Butter übergossen. Nach 20 Min. Aufweichzeit fügt man das Ei, die Petersilie und eventuell etwas von den Semmelbröseln hinzu, um einen knet- und formbaren, leichten Knödelteig zu erhalten. Zuletzt wird mit Salz und weißem Pfeffer gewürzt. Aus dieser Masse formt man vier Knödel und läßt sie in köchelndem Salzwasser garen. Sobald sie oben schwimmen, sind sie fertig.

Skorzoneri-Wurzeln

Schwarzwurzeln in Sahnesoße

1½ Pfd. Schwarzwurzeln, 1 EL Mehl, 1 EL Weißweinessig, 1 EL Butter, 1 knapper EL Mehl, ½ Tasse Sahne, etwas Fleischbrühe, Salz und Pfeffer, Muskatnuß, etwas Zitronensaft

Die Wurzeln werden geschält, in fingerlange Stücke geschnitten, dickere auch der Länge nach halbiert und dann sofort in ein Gemisch aus 1 l Wasser, 1 EL Mehl und 1 EL Weinessig eingelegt, damit sie schön weiß bleiben. Anschließend werden sie in Salzwasser weich gekocht.
Nun läßt man in einem breiten Topf 1 EL Butter mit 1 EL Mehl kurz anschwitzen. Dies wird mit der Sahne und so viel Fleischbrühe abgelöscht, daß eine sämige Soße entsteht. Nach dem Abwürzen mit Salz, Pfeffer, Muskatnuß und Zitrone werden die Schwarzwurzeln dann eingelegt, um noch etwa ¼ Std. zu ziehen.

Skorzoneri-Wurzeln gebacken

Schwarzwurzeln in Bierteig

1 Bund Schwarzwurzeln, 1 l kaltes Wasser, 1 EL Essig, 1 EL Mehl, 1½ l Salzwasser
Ausbackteig: 180 g Mehl, etwa 160 ml Weizenbier, 1 EL Öl, Salz, 2 Eiweiß, 10 Min. steif geschlagen, Ausbackfett

Garnitur: Zitronenviertel

Die geschälten Schwarzwurzeln werden in kurze Stücke geschnitten und sofort in ein Gemisch aus 1 l kaltem Wasser, 1 EL Mehl und 1 EL Weinessig eingelegt, so daß sie schön weiß bleiben. Nun kocht man sie in Salzwasser gar und tupft sie gut trocken.
In der Zwischenzeit wird der Ausbackteig hergestellt, indem man das Mehl mit dem Weizenbier, Öl und Salz vermengt und zuletzt noch den Eischnee unterhebt. Dieser Teig sollte so dünnflüssig sein, daß er sich messerrückendick an die Schwarzwurzeln anlegt. Nun zieht man die Schwarzwurzeln durch den Teig und bäckt sie im Fett (heute: Friteuse) goldgelb. Sie werden mit Zitronenvierteln gereicht.

Weiße Ruben

Weiße Rüben

500 g weiße Rüben, 70 g Butter, 2 TL Zucker, Fleischbrühe zum Aufgießen, 1 TL Mehl, Salz und Pfeffer, 2 TL Zitronensaft, 1 EL Butterflocken

Die Rüben werden geschält, in kleinfingerdicke, längliche Rübchen geschnitten und in schäumender Butter mit Zucker gebraten, bis der Zucker steigt. Dann löscht man mit etwas Fleischbrühe ab. Das weitere Garen erfolgt mit wenig Flüssigkeit, da man immer nur spärlich aufgießt. Zuletzt stäubt man das Mehl ein, gießt von der Fleischbrühe so viel dazu, daß die Soße die gewünschte Konsistenz erreicht, und schmeckt sie schließlich mit Salz, Pfeffer, Zitronensaft und den Butterflocken ab.

Spargelgemüß

Spargelgemüse

1 kg Spargel, geschält, zerkleinert, 80 g Butter, etwas Fleischbrühe, Salz und Pfeffer, 1 Prise Zucker, 4 EL Sahne, 2 Eigelb

Garnitur: 1 EL Schnittlauch, geschnitten, etwas grob gestoßener Pfeffer

Der Spargel wird in gerade so viel gewürzter Fleischbrühe knackig gekocht, daß er mit Flüssigkeit bedeckt ist. Dann legt man ihn beiseite. Anschließend wird der etwas reduzierte Spargelsud mit der Sahne und dem Eigelb über Dampf oder kleiner Flamme aufgeschlagen, bis er eindickt, wobei der Sud nicht aufkochen darf. Zuletzt schmeckt man die Spargelsoße ab. In dieser heißen Soße sollte der Spargel vor dem Servieren dann noch kurz ziehen. Zum Auftragen wird dieses feine Gemüse mit Schnittlauch und grob gestoßenem Pfeffer bestreut.

Der vorzeitig angebotene südländische Spargel ist meist etwas bitter. Um dem abzuhelfen, kocht man in dem mit Salz, Pfeffer und einer Prise Zucker gewürzten Spargelsud eine alte, harte Semmel mit. Sie nimmt die austretenden Bitterstoffe auf, wodurch der Spargel mild und weicher schmeckt.

Zibeben-Zwiffeln

Mit Honig und Rosinen glacierte Schalotten

250 g Schalotten, geschält, 2 EL Öl, 2 TL Honig, 1 Tasse Weißwein, Salz und Pfeffer, etwas Wein zum Aufgießen, 1 EL Rosinen, gewaschen

Die Schalotten werden mit dem Öl, Honig, einer Tasse Wein, mit etwas Salz und Pfeffer auf kleiner Flamme unabgedeckt und unter mehrfachem Umrühren ca. 35 Min. weich gedünstet, bis sie goldgelb sind. Für die verdampfende Flüssigkeit wird jeweils so viel Wein zugegeben, daß die Schalotten glasig schmoren, aber nicht braten. Nach 25 Min. fügt man die Rosinen hinzu, die die letzten 10 Min. mitziehen sollen. Kleine Schalotten haben natürlich eine kürzere Garzeit.
Das ergibt eine feine Beilage zu Wild, Geflügel oder zu einer geräucherten Zunge.

Zucker-Cucummern

Zuckergurken

3 Schlangengurken, ½ l Weißweinessig, ½ l Wasser
Marinade: 1 l Weißweinessig, 550 g Zucker, 2 Sträußchen Dill, zusammengebunden, 20 Nelken, 3 Zimtstangen, zerkleinert, 2 TL Senfkörner

Die Gurken werden geschält, der Länge nach halbiert, von den Kernen befreit, in kleinere Stücke geschnitten und in einem Sud aus ½ l Essig und ½ l Wasser 15 Min. gekocht. Dann werden sie herausgenommen, in kaltem Wasser abgeschreckt und zum Abtropfen auf ein trockenes Tuch gelegt. Der Sud wird weggegossen.
Anschließend schichtet man die Gurkenstücke am besten in einen Steintopf. Nun wird der

Essig mit dem Zucker, Dill, den Nelken, Zimtstangen und Senfkörnern 20 Min. aufgekocht. Dann wird das Dillbündel entfernt und der heiße Sud über die Gurken gegossen. Nach etwa 15–18 Std. wird der Sud abgegossen, nochmals etwas eingekocht und nach dem Erkalten wieder über die Gurken gegeben. Nach weiteren 15 Std. entnimmt man abermals den Sud und kocht ihn nun auf die erforderliche Menge ein, so daß die Gurken davon gerade bedeckt werden.
Ist die Marinade erkaltet, wird sie über die Gurken gegossen, der Topf mit Pergamentpapier gut verschlossen und kühl gelagert.
Zucker-Cucummern schmecken ausgezeichnet zu gekochtem Rindfleisch und Wurstwaren.

Zwiebel-Erdbirn-Auflauf

800 g mehlige Kartoffeln, Salzwasser, ⅛ l Sahne, 3 Eigelb, 80 g Butter, flüssig, 2 EL Emmentaler, fein gerieben, Salz und weißer Pfeffer, 1 gestrichener TL Muskatnuß, 3 Eiweiß, 7 Min. steif geschlagen, 4 EL Röstzwiebeln, 50 g Butter

Garnitur: 2 EL Röstzwiebeln, 1 EL Schnittlauch, geschnitten

Die in Salzwasser weichgekochten Kartoffeln werden geschält, durch die Presse gedrückt und mit Salz, Pfeffer und Muskatnuß gewürzt. In der Zwischenzeit schlägt man die Sahne, Eigelb und Butter mit dem Emmentaler schaumig und rührt diese Mischung in den Kartoffelbrei. Zuletzt unterhebt man den Eischnee. Nun kommt die Kartoffelmasse lagenweise, dazwischen eingestreute Röstzwiebeln, in eine gut ausgebutterte Form. So läßt man den Auflauf in der vorgeheizten Röhre bei 160° etwa 40 Min. backen.
Er wird in der Form, mit gerösteten Zwiebelringen und Schnittlauch bestreut, serviert.

Salate

Antifi-Speck-Salat

Warmer Endiviensalat mit Speckdressing

1 Staude Endiviensalat, 250 g rohes, geräuchertes Bödele, klein gewürfelt, ½ Tasse Weinessig oder nach Belieben, Salz und Pfeffer

Garnitur: 1 Karotte, geraspelt

Die kleingezupften Salatblätter wäscht man mehrfach in lauwarmem Wasser, trocknet sie und richtet sie auf etwas vorgewärmten Tellern an. In der Zwischenzeit werden die Speckwürfel in einer Pfanne goldgelb gebacken, mit Essig abgelöscht, dann etwa 1 Min. weitergebraten, mit Salz und Pfeffer gewürzt und schließlich warm über den Salat gegeben. Um den Salat herum kann der Teller mit einer geraspelten Karotte garniert werden.

Basilikum-Eiersalat

4 Eier, 8–9 Min. gekocht und kalt abgeschreckt, ½ Tasse Olivenöl, 1 Büschel Basilikum, fein gehackt, 1 kleine Knoblauchzehe, fein gehackt, 1 Prise Zucker, Salz und Pfeffer

Die Marinade wird mit allen angegebenen Zutaten angerührt. Damit überzieht man die geschälten ganzen Eier und bringt sie so zu Tisch.

Zitteron-Schelffen-Salat

Zitronen-Salat

3 Zitronen, 3 EL Zucker, 1½ Tassen Wasser, 1 Tasse Zucker

Garnitur: 1 TL Pistazien, grob gehackt

Zunächst schneidet man von den Zitronen die gelbe Haut in möglichst langen dünnen Streifen ab, aber so, daß von der weißen bitteren Haut nichts an den Schalen verbleibt. Diese gelben Schalen werden in zündholzdünne Streifen (Julienne) geschnitten.
Nun wird 1 Tasse Zucker mit dem Wasser kurz aufgekocht, darin soll die Schalenjulienne 15 Min. kochen. In der Zwischenzeit entfernt man die bittere weiße Fruchthaut vollständig von der Frucht. Dann werden die Zitronen quer in dünne Scheiben geschnitten, nebeneinander auf die Teller gelegt und mit Zucker bestreut. Darauf verteilt man die Zitronenjulien-

ne und beträufelt die Scheiben mit dem Zuckersud (Läuterzucker). Die gehackten Pistazien werden als Garnitur über den Salat gegeben. Der Zitronensalat ist eine pikante Beilage zu Geflügel.

Zitrone: Die Zitrone stammt aus Hinterindien. In Europa wurde der erste Zitronenbaum 1002 in Sizilien in die Erde gesetzt. Ende des 11. Jahrhunderts pflanzten dann Kreuzfahrer Zitronen an der Riviera, von wo aus sie ab dem 14. Jahrhundert nach Augsburg kamen.

Frühlingszwiebel-Salat

2 Bund Frühlingszwiebeln, ½ l Wasser, 2 Lorbeerblätter, 1 TL Pfefferkörner, 1 TL Wacholderbeeren, ¼ Zwiebel, gescheibt, 2 TL Zitronensaft, 2 TL Salz, 1 TL Zucker, 1–2 TL Essig, 4 EL Öl, 1 TL Pfeffer, grob gestoßen

Zunächst bereitet man das Dressing, indem man das Wasser mit den Gewürzen, den Zwiebeln, dem Zitronensaft sowie Salz und Zucker 10 Min. kochen läßt. In der Zwischenzeit werden die festen, weißen Teile der Frühlingszwiebeln mit etwas Grün auf 6–8 cm Länge zugeschnitten, gewaschen und dann im Kochsud etwa 1–2 Min. gegart, so daß sie noch Biß haben. Dann richtet man sie auf einer Platte an. Nun wird der Sud mit Salz, Pfeffer und Essig abgeschmeckt und etwas erkaltet über die Frühlingszwiebeln gegeben. Zuletzt überzieht man die Zwiebeln mit dem Öl und bestreut sie mit grob gestoßenem Pfeffer.

Gelbrubensalat mit Pomeranzen und Limonenschelffen

Karottensalat in Karameldressing mit Orangen- und Zitronenjulienne

400 g Karotten, in dünne Scheiben geschnitten, 2 EL Zucker, 3 Tassen heißes Wasser, Saft einer Zitrone, Schale einer Zitrone, ohne die weiße Fruchthaut, Schale einer Orange, ohne die weiße Fruchthaut, Salz und Pfeffer, etwas Cayennepfeffer, Essig nach Belieben, ½ Tasse Öl

Zunächst schneidet man die Orangen- und Zitronenschalen in zündholzdünne, lange Streifen. Nun wird der Zucker in einer Kasserolle unter stetem Rühren geschmolzen, bis er karamelisiert, und mit dem heißen Wasser abgelöscht. Dazu kommt der Zitronensaft und etwas Salz. Darin läßt man dann die Karottenscheiben je nach Dicke etwa 15–20 Min. knackig garen. In den letzten 3 Min. werden die Orangen- und Zitronenstreifen mitgekocht.

Dann wird das Kochwasser in die Salatschüssel gegeben und mit Essig, Öl, Salz, Pfeffer und etwas Cayennepfeffer abgeschmeckt. In diesem Dressing sollten die Karottenscheiben mit den Orangen- und Zitronenstreifen 1 Std. marinieren.

Orangen (früher Pomeranzen genannt): Die schon 2201 v. Chr. im chinesischen Buch „Yu Kung“ erwähnten Orangen wurden bereits im 14. Jahrhundert aus Indien nach Italien, Spanien und Portugal eingeführt, von wo aus sie seit dem Anfang des 16. Jahrhunderts auch auf den Augsburger Stadtmarkt kamen. Es soll über 1100 verschiedene Orangensorten geben.

Häring-Salat

Matjessalat

8 Matjesfilets, ½ l Milch, 2 große Zwiebeln, in Ringe geschnitten, 1 Apfel, Sorte Delicious, geschält und dünn gescheibt, ⅛ l saure Sahne, 3–4 EL frische Milch, 1 Prise Zucker, Salz und Pfeffer nach Belieben

Garnitur: 4 Zweiglein Brunnenkresse

Die entgräteten Matjesfilets werden 1 Std. in ½ l Milch eingelegt, die anschließend abgegossen wird. Dann schneidet man sie in mundgerechte Stücke und gibt die Zwiebelringe und Apfelscheiben dazu. Nun wird die saure Sahne mit etwas Milch glattgerührt, abgewürzt und über den Salat gegeben. Man läßt ihn etwa ½ Std. ziehen und reicht ihn mit garnierter Brunnenkresse.
Dazu passen heiße Pellkartoffeln.

Hopffen Schoß-Salat

Hopfensprossensalat

Hopfensprossen, Wasser, Salz

Beim Putzen der Sprossen werden die harten unteren Enden etwas gestutzt. Dann werden sie gewaschen und wie Spargel in leichtem Salzwasser knackig gekocht und dann abgeseiht. Man kann sie in einem Essig-Öl-Dressing servieren, aber auch mit der pikanten Eiersoße, s. S. 135, reichen.

Hopfen: Im Jahre 736 n. Chr. wurde in Geisenfeld bei Pfaffenhofen/Bayern erstmals der von gallo-fränkischen Klöstern eingeführte Hopfen angebaut. Die Augsburger bitterten damit zunächst nur ihren Met, während sie das Bier noch weiter mit Honig, Baumrinden, Wacholder und Pilzen würzten. Hopfensprossen, die sogenannten Hopfenspargeln, sind Keimlinge, die im Frühjahr aus den Wurzeln der Hopfenpflanzen treiben und von Hand gepflückt werden.

Kalbshirn-Salat

Pochiertes Kalbshirn in Kräutersoße (Abb. S. 132)

1 Kalbshirn
Vormarinade: ⅓ Tasse Baumöl (Olivenöl), 1 EL Weißweinessig, Salz und weißer Pfeffer
Kräutersoße: ½ Tasse Baumöl (Olivenöl), 4 hartgekochte Eigelb, durch ein feines Sieb gestrichen, 1 TL Kerbel, fein gehackt, 1 EL Schnittlauch, fein gehackt, 1 TL Estragon, fein gehackt, 1 TL Pimpinelle, fein gehackt, 1 TL Petersilie, fein gehackt, 1 EL Weißweinessig, 1 TL scharfer Senf, Salz und weißer Pfeffer, 1 Prise Zucker

Zunächst wird das Kalbshirn in kaltes Wasser gelegt, bis kein Blut mehr auszieht. Dann kommt es 7 Min. in heißes und anschließend wieder in kaltes Wasser, dadurch lassen sich die Häute leichter aus den Gehirngängen entfernen. Anschließend gart man das Kalbshirn in kochendem Salzwasser und gibt es dann wieder in kaltes Wasser. Nach dem Erkalten wird das Hirn in etwa 5 mm dicke Scheiben geschnitten und in einer Vormarinade aus ⅓ Tasse Olivenöl, 1 EL Weinessig sowie Salz und Pfeffer 2–3 Std. eingelegt.
In der Zwischenzeit bereitet man die Kräutersoße aus ½ Tasse Olivenöl, dem durchpassierten Eigelb, Kerbel, Schnittlauch, Estragon, der Pimpinelle, Essig, Senf, Salz, weißen Pfeffer und einer Prise Zucker.
Dann werden die Fleischscheiben aus der Vormarinade genommen und mit der Kräutersoße überzogen, bevor der Salat serviert wird.

Knobloch-Krawt-Salat

400 g frisches Weißkraut, geschnitten, 3–5 EL Öl, Salz und Pfeffer, 1 Prise Zucker, ⅓ Tasse Fleischbrühe oder Wasser, 6 Knoblauchzehen, feinst gehackt, 1 EL Öl zum Überglänzen

In einer hohen Pfanne wird das Weißkraut bei starker Hitze in Öl etwa 3–4 Min. scharf angebraten, so daß es noch Biß hat. Dann gibt man die Fleischbrühe oder Wasser, Salz, Pfeffer und eine Prise Zucker dazu und rührt das Ganze kurz durch. Anschließend wird der Knoblauch eingeschwenkt, der aber nur noch eine Dreiviertelminute mitbraten darf. Zuletzt kann man das Kraut nochmals mit 1 EL Öl überglänzen und dann in der Salatschüssel anrichten.
Gekühlt serviert schmeckt dieser Salat besonders gut.

Kohl: Schon in der Jungsteinzeit diente der Kohl als Nahrungsmittel. Die Griechen und Römer aßen ihn roh. Dioskurides empfahl ihn als gesunde Speise und Arznei. Cato d. Ältere bezeichnete Kohl als Allheilmittel. Auch im Augsburger Raum wurde Kohl schon vor 2000 Jahren von den hier ansässigen Kelten angebaut, obgleich sie ihn wenig schätzten.

Rindfleischsalat

500 g Rindfleisch, gekocht, 3 Tassen Wasser, lauwarm, 3 TL Rotweinessig, 3 TL Weißweinessig, 1 TL Zitronensaft, 1 TL Meerrettich, fein geraspelt, ⅓ Tasse Öl, 1 Prise Zucker, Salz und Pfeffer, 1 kleine Msp Cayennepfeffer

Garnitur: 2 mittlere Zwiebeln, in Ringe geschnitten, 1 TL grob gestoßener Pfeffer, 1 EL Schnittlauch, geschnitten

Das Rindfleisch wird in kleine, mundgerechte Scheibchen geschnitten. Zur Herstellung der Marinade vermengt man das Wasser mit dem Essig, Zitronensaft, Meerrettich und Öl und würzt sie mit Zucker, Salz, Pfeffer und Cayennepfeffer ab. In dieser Marinade sollte das Fleisch eine halbe Stunde marinieren. Damit die Zwiebelringe knackig auf die Teller kommen, gibt man sie erst 5 Min. vor dem Servieren in die Marinade.
Der Rindfleischsalat wird mit den Zwiebelringen, Pfeffer und Schnittlauch serviert.

Rettig-Sahne-Salat

Rettichsalat in Sahne

2 Tassen Rettich, grob geraspelt, 2 TL roher Sellerie, fein geraspelt, 1 TL Meerrettich, fein geraspelt, 1 Prise Zucker, Salz und Pfeffer, ½ Tasse Sahne

Der Rettich wird leicht gesalzen. Nach einigen Minuten gießt man den Rettichsaft ab. Dann werden die Soßenzutaten gut vermengt, die Sahne untergehoben und der Salat sofort serviert.

Rott-Randen-Salat

Rote-Bete-Salat

4 gekochte rote Bete, ½ l Rotwein, 2–4 EL Weinessig, 2 TL Meerrettich, 1 TL Kümmel, 1 TL Koriander, 1 TL Anis, 1–2 TL Zucker, Salz und Pfeffer nach Belieben

Die roten Beten werden geschält und in Scheiben geschnitten. Die übrigen Zutaten werden verrührt und kurz zu einer Marinade aufgekocht. Anschließend läßt man sie erkalten. In diese Marinade gibt man die roten Beten und läßt sie 1 Tag darin ziehen.

Nachspeisen

Epffelpfannzelten

Apfelpfannkuchen

2 säuerliche Äpfel, geschält, in Scheiben geschnitten, Saft einer Zitrone, 30 g Butter, 3 EL Mehl, ½ Tasse Milch, 2 Eigelb, 1 Prise Salz, Abgeriebenes einer Zitrone, 1 EL Rosinen, 10 Min. in heißes Wasser gelegt, abgeseiht, 1 TL Zucker, 2 Eiweiß steif geschlagen, 50 g Butter

Garnitur: Zucker und Zimt, gemischt

Zunächst werden die Apfelscheiben in Zitronensaft gewendet und kurz in heißer Butter angedünstet. Dann wird das Mehl mit der Milch glattgerührt. Dazu kommen die Eidotter, Zitronenschalen, Rosinen, 1 TL Zucker, eine Prise Salz, die Apfelscheiben und der Eischnee.
In einer Pfanne läßt man 50 g Butter heiß werden, gießt die Masse hinein und breitet sie aus. Ist die Kuchenunterseite gebacken, stürzt man ihn auf einen flachen Teller und läßt ihn von dort mit der gebackenen Seite nach oben wieder in die Pfanne gleiten. Sind beide Seiten goldgelb gebacken, wird der Apfelpfannkuchen mit Zimt und Zucker bestreut und serviert.
Dazu Dörrobst-, Birnen- oder Zwetschgenkompott.

Chocoladenzwetschgen

Dörrpflaumen, in Schokoladenschaum gebacken

20 große Dörrpflaumen, entsteint, 20 Mandeln, geschält, 150 ml Wasser, 150 g Zucker, 1 Gläschen Zwetschgenwasser, 4 Eiweiß, 3 EL Zucker, 1 kleine Prise Salz, Abgeriebenes einer Zitrone, ¾ Tafel Bitterschokolade, fein gerieben, 30 g Butter

Garnitur: 1 TL Puderzucker

Zunächst stellt man den Läuterzucker her, indem man 150 g Zucker mit 150 ml Wasser aufkochen läßt. Dann werden die Dörrpflaumen in ein enges Schraubglas geschichtet und mit dem Zwetschgenwasser und dem erkalteten Läuterzucker begossen. Darin sollten die Pflaumen über Nacht quellen.
Anderntags schlägt man das Eiweiß mit etwas Salz und Zucker 15 Min. steif. Diesem Eischnee unterhebt man die geriebene Schokolade und die Zitronenschale. Nun wird eine feuerfeste Form ausgebuttert und mit den gut abgetropften Pflaumen, in die man jeweils eine Mandel steckt, ausgelegt. Zuletzt schichtet man die Eischnee-Schokoladenmasse, ohne

sie glattzustreichen, über die Pflaumen und bäckt das Ganze in der Röhre bei etwa 140°, bis die Eischneekronen bräunen. Man serviert dieses feine Gericht mit Puderzucker bestreut.

Kakao: Spanische Eroberer beobachteten Anfang des 16. Jahrhunderts, wie die Azteken aus zerriebenen Kakaobohnen, Honig, Vanille und Pfeffer würzige Getränke bereiteten. Sie führten daraufhin diese Bohnen um 1520 aus Tabasco, Chiapas und Seconusco nach Spanien ein. Erst Anfang des 17. Jahrhunderts kamen die Kakaobohnen in die freie Reichsstadt Augsburg. Auch unsere Vorfahren versetzten die Bohnen zur Zubereitung von Kakaogetränken zunächst mit Wein und erst später mit Milch und Zucker.
Das heutige, feine Kakaopulver kam erst Anfang des 19. Jahrhunderts nach Augsburg, als es dem Niederländer van Houten gelungen war, das Rohpulver zu entölen und mit Alkalien chemisch aufzuschließen.

Eisbersbeeren-Auflauf

Johannisbeerauflauf (für 6 Personen)

300 g sehr reife Johannisbeeren, gewaschen, 7 Eiweiß, 1 Prise Salz, 300 g Zucker, 20 g Butter

Garnitur: 1 TL Puderzucker

Das Eiweiß wird mit einer Prise Salz 10 Min. steif geschlagen und zusammen mit dem Zucker nach und nach den Früchten untergehoben. Nun wird die Masse 5 Min. weitergerührt, dann in eine gebutterte Auflaufform gegossen und in der auf 190° vorgeheizten Röhre gebacken. Vor dem Servieren bestreut man den Auflauf mit Puderzucker.

Gesulzte Apfelpyramide

(Abb. S. 150)

Feste, säuerliche Äpfel, nach Belieben, ¾ l Wasser, Saft von zwei Zitronen, ½ l Wasser, 125 g Zucker, 50 g Hagelzucker

Garnitur: Abgeriebenes einer Zitrone, 1 EL Rosinen, Apfelblüten

Die Äpfel werden geschält, ganz gelassen oder in der Mitte durchgeschnitten, vom Kernhaus befreit und in Zitronenwasser, bestehend aus ¾ l Wasser und dem Saft einer Zitro-

ne, gelegt. Dann läßt man 1 l Wasser mit 250 g Zucker und dem Saft einer Zitrone kurz aufkochen. Darin gart man die Apfelstücke, so daß sie nicht zerfallen. Danach werden sie entnommen, zum Abtropfen auf ein Gitter gelegt und zum Erkalten pyramidenartig auf eine Anrichtplatte geschichtet.
Den abgetropften Saft geben wir zurück in den Zuckersud und fügen 50 g Hagelzucker dazu. Die Flüssigkeit einkochen lassen, bis sie dick wird, erkalten lassen und vor dem Gelieren über die Äpfel gießen. Zum Servieren wird die Apfelpyramide mit geriebener Zitronenschale und Rosinen bestreut.

Mirlitons mit Mandeln

Kleine Mandelsoufflés, ergibt je nach Größe 6–10 Soufflés

2 Eier, 105 g Zucker, 70 g süße Mandeln, gemahlen, 2 g Bittermandeln, gemahlen, Abgeriebenes einer halben Zitrone, 1 Eiweiß, 1 Prise Salz, 20 g Butter, etwas Zucker

Die 2 Eier werden mit dem Zucker schaumig gerührt. Dann kommen die gemahlenen Mandeln und das Abgeriebene der Zitrone dazu. Danach wird das Eiweiß mit einer Prise Salz 15 Min. steif geschlagen, der Masse untergehoben, die man nun in kleine, aber hohe, ausgebutterte Förmchen füllt, mit Zucker bestreut und im Wasserbad in der auf 190° vorgeheizten Röhre lichtgelb ausbäckt. Man sollte die Förmchen jeweils nur zur Hälfte füllen, da das Soufflé ja aufgehen soll.

Puff

Süßer Auflauf für 8 Personen

9 Eigelb, 225 g Zucker, etwa 220 g Mehl, 1 EL Zitronat, 1 EL Orangeat, 2 EL Rosinen, 1 EL Sultaninen, 9 Eiweiß, 1 Prise Salz, 50 g Butter, 2 EL Semmelbrösel

Die Eidotter rührt man mit dem Zucker schaumig. Danach wird das Mehl eingesiebt und untergerührt. Dann kommen auch die übrigen Zutaten dazu. Zuletzt wird das Eiweiß mit einer Prise Salz 15 Min. steif geschlagen und vorsichtig der Eigelbmasse untergehoben. Diese gießt man in eine gut ausgebutterte und mit Bröseln bestreute schwere, feuerfeste Form und bäckt den Auflauf in der Röhre bei 150°, bis die Spitzen bräunen.
Der Puff kommt in der Form heiß auf den Tisch.

Obstsalat

1 Apfel, geschält, 1 Williamsbirne, geschält, Saft von zwei Zitronen, 2 Orangen, geschält, 2 Mandarinen, geschält, 16–20 getrocknete Feigen, 3 cl Kirschwasser, 1 Banane

Die Äpfel und Birnen werden geviertelt, entkernt, in Scheibchen geschnitten und in Zitronensaft getränkt. Danach vermischt man alles geschnittene Obst (außer der Banane), gibt das Kirschwasser dazu und stellt den Salat, luftdicht verschlossen, mehrere Stunden kühl. Vor dem Servieren fügt man noch die geschnittene Banane hinzu.

Quitten-Schaum

60 g Quittenmark, 75 g Zucker, Abgeriebenes einer halben Zitrone, 1 EL Zitronensaft, 5 Eiweiß, 1 Prise Salz, Vanille, heute 3 Päckchen Vanillezucker, 50 g Butter

Garnitur: 1 TL Puderzucker

Die Quitten werden in Wasser weich gekocht. Dann wird mit dem Löffel das Mark herausgeschabt und mit Zitronensaft, Zucker und geriebener Zitronenschale abgerührt. Nun schlägt man das Eiweiß mit einer Prise Salz und dem Vanillezucker (heute mit dem Rührgerät) 15 Min. steif und unterhebt zuletzt behutsam die Fruchtmasse.
Dann gibt man die Schaummasse in eine gut ausgebutterte flache, feuerfeste Form und bäckt sie in der auf 150° vorgeheizten Röhre, bis die Spitzen bräunen. Der gebackene Schaum wird mit Puderzucker bestreut und heiß serviert.

Quitten Latwerg

Quitten-Geleeplätzchen

1,5 kg Apfelquitten, gewaschen, kleingeschnitten, Wasser, Zucker, entsprechend der durchpassierten Fruchtmenge (1:1), Schale einer Zitrone, ¼ l Weißwein, Pergamentpapier, Öl, 1½ Tassen Hagelzucker

Die Quittenstücke werden mit den Schalen in so viel Wasser, daß sie gut bedeckt sind, weich gekocht, dann herausgehoben und durch ein feines Sieb gestrichen. Dann gibt man so viel Zucker dazu, wie die durchpassierte Fruchtmasse wiegt. Dazu kommt die Zitronenschale und der Wein. Dies läßt man unter stetem Rühren kochen, bis die Masse eine schön

rötliche Farbe annimmt und der Kochlöffel beim Durchziehen eine tiefe Furche hinterläßt. Dann wird das Pergamentpapier ausgebreitet und auf der Oberseite mit Öl bepinselt. Darauf breitet man den kochendheißen Brei fingerdick aus und läßt ihn einige Tage trocknen. Danach wird der getrocknete Fruchtfladen gewendet, so daß auch die andere Seite trocknet. Nach etwa 4 Tagen kann man den Fladen in kleine Würfel schneiden und in Hagelzucker wenden.
Quittenlatwerg schmeckt ausgezeichnet zum Tee. Man sollte das Konfekt verschlossen, schichtweise zwischen Pergamentpapier gelegt, aufbewahren.

Schwabbliger Mohr

Warmer Schokoladenpudding in Eierlikör

Pudding: 5 Eiweiß, 1 Prise Salz, 7 Eigelb, 80 g Butter, 125 g Zucker, 160 g Bitterschokolade, zerbröckelt
Förmchen: 50 g Butter

Garnitur: 1½ Tassen Eierlikör, ⅛ l Schlagsahne, gesüßt

Das Eiweiß wird mit einer Prise Salz 10 Min. steif geschlagen. In der Zwischenzeit läßt man die Bitterschokolade mit 1 EL heißem Wasser unter Rühren im heißen Wasserbad flüssig werden. Dann wird die Butter mit dem Zucker unter Zugabe des Eigelbs gut schaumig gerührt. Danach erst hebt man die Schokolade und dann den Eischnee unter die Masse. Anschließend gibt man den Pudding in kleine ausgebutterte Förmchen, die in ein heißes Wasserbad gestellt und mit einem Deckel abgedeckt werden. So läßt man die Puddings in der auf 160° vorgeheizten Röhre garen, bis sie stocken.
Zuletzt werden die noch warmen Puddings auf vorgewärmte Teller gestürzt, mit Eierlikör umgossen und mit Schlagsahne verziert.

Schwedenpudding

230 g Schwarzbrotbrösel, nicht von der Rinde, 1 Msp Nelkenpulver, 1 TL Zimt, 1 TL Zitronenschale, geraspelt, ½ Tasse Sultaninen, 2 Gläschen Rum, 170 g Butter, 170 g Zucker, 8 Eigelb, 8 Eiweiß, 1 Prise Salz, 30 g Butter für die Form, 1 EL Semmelbrösel

Die Brotbrösel werden mit Nelkenpulver, Zimt, Zitronenschale und Sultaninen vermengt und mit Rum angefeuchtet. Dann schlägt man die Butter mit dem Zucker schaumig und

rührt nacheinander das angewärmte Eigelb unter. Nun wird das Eiweiß mit einer Prise Salz 10 Min. steif geschlagen. Anschließend hebt man alles behutsam untereinander.
Da die Masse aufgeht, wird sie in eine ausgebutterte und mit Semmelbröseln ausgestreute, möglichst hohe Backform gefüllt. Man setzt diese in einen Topf mit heißem Wasser und läßt den Pudding in der auf 140° vorgeheizten Röhre etwa 1½ Std. kochen.
Dazu reicht man Kirschsoße, s. S. 141, oder Wein-Chaudeau, s. S. 142.

Topfenauflauf

Süßer Quarkauflauf (Abb. S. 151)

50 g Butter, 80 g Zucker, 4 Eigelb, etwas vorgewärmt, 50 g Haselnüsse, gehackt, Abgeriebenes einer Zitrone, Abgeriebenes einer Orange, 50 g Quark, 4 Eiweiß, 1 Prise Salz, 40 g Butter

Garnitur: 1 EL Sultaninen, in Kirschwasser eingelegt

Die Butter wird mit dem Zucker schaumig geschlagen. Dann gibt man die Eidotter nacheinander in die Butter und rührt das Ganze 15 Min. durch. Anschließend kommt die Zitronen- und Orangenschale sowie der durch ein Sieb gestrichene Quark dazu. Zuletzt unterhebt man noch das mit einer Prise Salz 10 Min. aufgeschlagene Eiweiß, füllt die Masse in eine ausgebutterte Form und bäckt sie in der Röhre etwa 45 Min. bei mittlerer Hitze.
Der Topfenauflauf wird mit in Kirschwasser getränkten Sultaninen bestreut und in der Form serviert.

Semmel-Pudding

2 alte Semmeln, ½ l Milch, erwärmt, 60 g Butter, weich, 4 Eigelb, 75 g Zucker, Abgeriebenes einer Zitrone, 50 g Rosinen, 25 g Haselnüsse, grob gestoßen, 1½ EL Rum, 4 Eiweiß, 1 Prise Salz, 60 g Butter für die Form, 1 EL Semmelbrösel

Die Semmelrinden werden abgerieben und entfernt. Das verbleibende Innere wird in dünne Scheiben geschnitten, 15 Min. in warmer Milch aufgeweicht und danach ausgepreßt. Dann schlägt man die Butter mit dem Eigelb und dem Zucker schaumig. Dazu kommen die Rosinen, Haselnüsse, der Rum, die geriebene Zitronenschale und, möglichst einzeln, die ausgepreßten Semmelscheiben. Danach wird das Eiweiß mit einer Prise Salz mindestens 10 Min. steif geschlagen, bevor es der Masse untergehoben wird.

Zuletzt gibt man den Puddingteig in eine dick ausgebutterte und mit Bröseln ausgestreute Auflaufform und deckt diese mit einem gleichfalls gebutterten Deckel ab. Die Form wird in einen hohen Topf gestellt, den man bis zur halben Höhe der Form mit kochendem Wasser füllt. Der Topf wird ebenfalls mit einem Deckel verschlossen und in die auf 250° vorgeheizte Röhre gegeben.
Dort soll der Pudding langsam köchelnd etwa 1 Std. dämpfen. Fühlt sich die Puddingmasse fest an, kann sie auf eine Platte gestürzt und serviert werden.
Dazu paßt eine Hiefen-Soos (Hagebutten-Soße), s. S. 137.

Tag-und-Nacht-Pudding

Schwarzweißpudding

6 Eigelb, 150 g Zucker, 100–110 g Mehl, 6 Eiweiß, 1 Prise Salz, heute 4 Päckchen Vanillezucker, 125 g Bitterschokolade, fein gerieben, 30 g Butter, 1 EL Semmelbrösel

6 Eidotter werden mit 150 g Zucker schaumig gerührt. Dann siebt man das Mehl ein, unterhebt es und verteilt die Masse auf zwei Schüsseln. In die eine Hälfte rührt man die geriebene Bitterschokolade. Dann wird das Eiweiß mit einer Prise Salz verrührt, mit dem Vanillezucker 10 Min. steif geschlagen und je zur Hälfte den beiden Eimassen untergehoben. Zuletzt streicht man eine Puddingform mit Butter aus und bestreut sie mit Semmelbröseln. Erst kommt eine weiße Lage und darauf die schwarze Schokoladenmasse in die Puddingform. Danach wird die Form geschlossen und der Pudding eine ¾ Std. im Wasserbad abgedeckt gekocht.
Dazu reicht man die kalte Schokoladensoße, s. S. 141.

Reisauflauf

250 g Rundkornreis, ungefähr ¾–1 l Milch, 100 g Butter, 60 g Zucker, 3–4 Eier, Abgeriebenes von zwei Zitronen, 1 Prise Salz, 70 g Butter

Den gewaschenen Reis läßt man in der Milch zu einem dicklichen Mus kochen und erkalten. Anschließend werden 100 g Butter mit dem Eigelb und 60 g Zucker schaumig gerührt. Das Eiweiß wird mit einer Prise Salz mindestens 5 Minuten steif geschlagen. Nun wird die Butter-Eierschaum-Masse mit den Zitronenraspeln in das kalte Reismus eingerührt und zuletzt der Eischnee untergehoben.

Diese Masse füllt man in eine gebutterte, feuerfeste Form, bestreut sie mit Butterflocken und läßt sie in der auf etwa 170° vorgeheizten Röhre ungefähr 1½ Std. unabgedeckt backen.
Der Auflauf kommt in der Backform auf den Tisch. Dazu passen Früchtekompotte.

Reis: Reis, Fruchtkorn der 80–125 cm hohen, grasartigen Pflanze mit reichverzweigten Rispen, wurde schon 5000 v. Chr. in China angebaut und ist noch heute Hauptnahrung für mehr als die Hälfte aller Menschen. Da die Griechen den Reis nicht schätzten, akzeptierten ihn auch die Römer nicht. So kam der Reis erst durch den Transithandel im 16. Jahrhundert nach Augsburg. Es gibt heute außer dem Wildreis, der eigentlich gar kein Reis ist, sondern Grassamen, 6 Sorten, den Langkorn-Weißreis, Langkorn Parboiled-Reis, Langkorn-Naturreis, Rundkorn-Weißreis und den länglichen schnellkochenden Reis mit nur 5 Min. Garzeit.

Limonenauflauf

Zitronenauflauf

Auflauf: 2 Zitronen, 6 Stück Würfelzucker, 7 Eigelb, 100 g Puderzucker, 2 TL Zitronensaft, etwa 4 EL Mehl, Abgeriebenes einer Zitrone, 7 Eiweiß, 1 Prise Salz, 40 g Puderzucker, 2 Päckchen Vanillezucker
Form: 70 g Butter, 1 EL Semmelbrösel

Garnitur: 1 TL Puderzucker, 1 TL Zitronenraspel

Zunächst wird mit dem Würfelzucker das Gelbe von den Zitronenschalen abgerieben. Dann werden die Würfel getrocknet und im Mörser fein gestoßen. Anschließend rührt man diesen Zitronenzucker in die 7 Eidotter, fügt 100 g Puderzucker dazu und schlägt das Ganze 10 Min. zu einer schaumigen Masse. Nun kommt noch der Zitronensaft, das Abgeriebene der Zitrone sowie das einzusiebende Mehl hinzu.
Das Eiweiß wird mit einer Prise Salz, 40 g Puderzucker und 2 Päckchen Vanillezucker etwa 15 Min. steifgeschlagen und vorsichtig der Eigelbmasse untergehoben. Zuletzt gibt man die Auflaufmasse in eine gut ausgebutterte und mit Semmelbröseln ausgestreute Auflaufform und bäckt den Auflauf in der auf 180° vorgeheizten Röhre etwa 20–25 Min.

Vanille: Im 16. Jahrhundert brachten die Spanier die Kletterorchideenfrucht Vanille von Mexiko nach Europa. Doch niemand fand dafür eine Verwendung. Selbst der angesehene Gewürzhändler Sir Stamford Raffler, Begründer der East India Company, verrieb 1819 kopfschüttelnd Vanille zwischen den Fingern, roch daran und bezeichnete sie als Mist. Doch schon kurze Zeit später hatte seine Konkurrenz damit großen Erfolg.

Schnell wurde daraufhin in Mexiko die Ausfuhr von Vanillestangen verboten und hart geahndet. Trotzdem gelang es den Holländern 1819, Pflanzen nach Java zu schmuggeln, aber sie wunderten sich, daß diese Pflanzen keine Früchte trugen. Allmählich wurde ihnen klar, daß dort ein langzüngiges mexikanisches Insekt zur Bestäubung fehlte, weshalb sie dann zur mühseligen Handbestäubung übergehen mußten, was die Vanille enorm verteuerte.
Dies forderte die damals aufkommende chemische Industrie heraus, die 1858 das künstlich hergestellte Vanillin erfand, das nach vielen Versuchen von 1874 an zu einem weit billigeren Preis in den Handel kam.
Vanille sollte schokoladenbraun, runzlig und möglichst lang sein. Den guten Vanillezucker erkennt man an den schwarzbraunen Vanillepünktchen. Vanillezucker enthält auf 8 g Zucker 0,1 g Vanillin.

Zinn-Muss

Süße, gestockte Eimasse

4 Eier, ¼ l Sahne, 3–4 TL Zucker, 1 EL Weinbeeren, 1 TL Zitronenschale, gerieben, 1 TL Orangenschale, gerieben, 25 g Butter, etwas Zimt

Garnitur: 1 EL Rumrosinen

Die Eier werden mit dem Zucker und der Sahne gut verrührt. Dann gibt man die Weinbeeren, Zitronen- und Orangenschale hinzu, gießt das Ganze in eine ausgebutterte, feuerfeste Form, bestreut die Masse mit Zimt und läßt sie in der auf 170° vorgeheizten Röhre stocken. Vor dem Servieren wird das Zinnmus mit Rumrosinen bestreut und dann in der Form aufgetragen.

Backwaren

Blitz

Teegebäck

75 g Butter, 4 Eigelb, 70 g Zucker, 70 g Weizenmehl, 4 Eiweiß, 1 Prise Salz, Butter oder Backfett, 1 Tasse in Rum getränkte Rosinen, abgetropft

Die Butter wird mit dem Eigelb und dem Zucker 12–15 Min. schaumig gerührt. Dann schlägt man das Eiweiß mit einer Prise Salz 10 Min. steif und unterhebt den Eischnee mit dem eingesiebten Mehl dem Eigelbschaum.
Diese Masse wird etwa 6 mm dick auf ein gut gefettetes Backblech gestrichen, mit Rosinen bestreut und bei ungefähr 100–120° vorgebacken. Ist der Teig fest, schneidet man ihn in kleine Quadrate oder Rauten, setzt diese wieder auf das Blech und bäckt sie zu Ende.

Augsburger Zwetschgendatsche

Pflaumenkuchen mit Hefeteig

Teig: 500 g Weizenmehl, 1/8 l Milch, angewärmt, 3 EL Zucker, 30 g Hefe, 2 Eier, 100 g Butter, sehr weich, 1 Prise Salz, Abgeriebenes einer Zitrone, Saft einer halben Zitrone
Backblech: 50 g Butter
Auflage: 3–4 EL Semmelbrösel, 1,5 kg Spätzwetschgen, entsteint, angewärmt, 5 EL Zukker, 1 TL Zimt

Das Mehl wird in eine große Schüssel gesiebt, in deren Mitte man eine Mulde für den Vorteig drückt. Dann wird die Schüssel warm gestellt. Nun die Hefe mit etwas Zucker in der Hälfte der warmen Milch auflösen. Diesen Vorteig in der großen Schüssel mit etwas Mehl vermischen und 30. Min zugedeckt im Warmen gehen lassen. Danach mit allen Zutaten zu einem festen Teig verarbeiten, der sich von der Schüssel löst. Diesen wiederum 1 Std. gehen lassen.
Ist der Teig gegangen, wird er auf einem Blech ausgerollt, wobei der Rand etwa fingerdick sein sollte. Schließlich wird er mit einer Gabel mehrfach eingestochen, mit den Semmelbröseln bestreut und mit den Zwetschgen belegt.
Die Backzeit beträgt etwa 40 Min. bei mittlerer Hitze. Damit der sogenannte Datsche während des Backens keinen Saft zieht, wird er erst danach mit Zimt und Zucker bestreut.
Natürlich haben Augsburger Leckermäuler längst herausgefunden, wie man diesen Datsche noch wesentlich verfeinern kann. So vermengen sie für einen Datsche 100 g Marzipan mit 50 g Butter, 1 TL Puderzucker, 1 TL Mehl und 1 EL Rum. Diese Masse lassen sie im Kühlschrank fest werden.

Damit werden die Zwetschgen vor dem Backen grob überraspelt. Nach dem Backen deckt man den Kuchen mit Pergamentpapier (heute auch mit Alufolie) ab, damit die Marzipanmasse auf dem warmen Kuchen zerfließt. Etwa nach einer halben Stunde nimmt man die Abdeckung ab und bestreut den Datsche mit Zimt und Zucker.
So zubereitet schmeckt er besonders gut.

Marzipan: Marzipan kam bereits im 13. Jahrhundert durch die Kreuzzüge nach Europa. Doch in die Augsburger Küchen wohlhabender Leute gelangte es erst mit dem aufkommenden Transithandel im 15. und 16. Jahrhundert.

Buttermilchbrot

300 g Weizenmehl, Type 550 oder 1050, angewärmt, 50 g Roggenmehl, angewärmt, 60 g Weizenschrot, angewärmt, ½ Tasse lauwarme Milch, 12 g Hefe, ½ EL Zucker, 1 TL Salz, etwa 190 ml Buttermilch, etwas Mehl für das Blech, ¼ Tasse Milch zum Bepinseln, 1 EL Haferflocken zum Bestreuen

Das angewärmte Mehl wird in eine warme Schüssel gesiebt, in deren Mitte man eine kleine Vertiefung drückt. Nun läßt man die Hefe mit dem Zucker in warmer Milch zergehen und rührt damit in der Vertiefung mit etwas Mehl den Vorteig an, der abgedeckt und warm gestellt 20 Min. gehen sollte.
Dann wird aus dem Vorteig und den übrigen Zutaten ein etwas festerer Teig geknetet. Dieser soll, abgedeckt und warm gestellt, noch einmal 40 Min. ruhen. Anschließend knetet man den Teig nochmals kräftig durch, formt daraus ein Brot, setzt es auf ein bemehltes Blech und läßt es abgedeckt abermals 25 Min. gehen.
Danach schneidet man mit einem angefeuchteten Messer ein paar Kerben ins Brot, bestreicht es mit Milch und streut Haferflocken darüber. Gebacken wird das Brot etwa 50 Min. bei 220°. Während des Backens stellt man eine Schale Wasser zur Verdunstung mit in die Röhre, dadurch wird das Brot noch feuchter und knuspriger.

Das tägliche Brot in Augsburg: Die Reichsstadt Augsburg bezog am Anfang des 17. Jahrhunderts mit 45000 Einwohnern jährlich etwa 80000 Sack Getreide von der bayerischen Schranne in Friedberg, dazu von den kirchlichen Gütern der St.-Jakobs-Pfründe, vom Heilig-Geist-Spital, Reichsstift St. Ulrich und von den Liegenschaften Heilig Kreuz, St. Stefan, St. Moritz und St. Georg wie auch von privaten Anbietern und ließ es in die fünf Kornhäuser Augsburgs bringen. Unter der Aufsicht der Schrannenknechte wurde das Getreide von vereidigten Aufladern auf Sackkarren geladen und dem Schrandtkörer überstellt, der jeden Sack mit dem Namen des Vorbesitzers versah, ehe der Kornmesser Qualität und Quantität prüfte und es dann einlagern ließ.

1536 arbeiteten an den 94 Backöfen in Augsburg 142 Bäcker. 1610 waren es nur noch 129. Diese verkauften in ihren Läden, in Brothäusern, im Bäckerhaus sowie am Donnerstag und Freitag auch auf dem Brotmarkt in der Nähe vom Rathaus, im Sommer ab 6.00 Uhr, im Winter ab 7.00 Uhr und feiertags von 10.00 bis 16.00 Uhr ihre Produkte. In ehrfürchtiger Dankbarkeit für dieses Gottesgeschenk, das tägliche Brot, hat man in vielen Augsburger Familien noch bis ins 20. Jahrhundert hinein jeden Laib Brot vor dem Anschnitt mit drei Kreuzen versehen, wohl auch im Glauben, es werde dadurch länger vorhalten.

Cardemomen-Brödlein

Kardamomplätzchen

4 Eiweiß, 1 Prise Salz, 250 g Zucker, 17 g Kardamompulver, 270 g Mehl, 50 g Butter

Das Eiweiß wird mit dem Salz gut verrührt, dann gibt man nach und nach den Zucker zu. Diese Masse wird 15 Min. steif geschlagen. Nun unterhebt man zuerst das Kardamompulver und anschließend das eingesiebte Mehl. Von dem Teig werden Plätzchen geformt oder ausgestochen, auf ein gebuttertes Backblech gesetzt und bei 140° goldgelb gebacken.

Feygen-Oblaten

Gefüllte, gebackene Oblaten

8 getrocknete Feigen, 2 EL Weinbeeren, 2 TL Honig, etwas Most oder lieblicher Wein, 24 kleine, runde Oblaten
Für den Ausbackteig: 125 g Mehl, ½ TL Backpulver, 20 g Zucker, 35–50 g Milch, 1 Ei, Ausbackfett

Garnitur: Puderzucker

Die Feigen und Weinbeeren werden zusammen fein gehackt, mit Honig sowie etwas Most oder Wein vermengt, 12 Oblaten damit bestrichen und mit den restlichen Oblaten abgedeckt. Dann bereitet man aus Mehl, Backpulver, Zucker, Ei und Milch einen nicht zu flüssigen Teig, den man etwas ruhen läßt.
Erst kurz vor dem Servieren werden die Oblaten in den Teig getaucht, goldgelb gebacken – heute am besten in der Friteuse – und mit Puderzucker bestreut heiß serviert.
Der damalige Koch schreibt dazu: „ain höflich essen!“ (höflich, von Hof, im Sinne von fürstlich).

Hobelscheiben

Gefüllte Oblatenspäne, ergibt 10 Hobelscheiben

4 rechteckige Oblaten, 12×20 cm, 2 EL Mandeln, gerieben, 1 TL Puderzucker, 1 TL Vanillezucker, 1 TL Stoßzucker (feiner Zucker), 1¾ EL Rosenwasser, 20 g Butter, etwa 1 TL Mehl.

Die Mandeln werden mit dem Puder-, Vanille- und Stoßzucker sowie dem Rosenwasser vermengt und gleichmäßig auf 2 Oblatenscheiben gestrichen. Diese deckt man mit den restlichen Oblaten ab und preßt sie fest aufeinander. Nun schneidet man jede Oblate der Länge nach in 5 gleiche Streifen und wickelt sie spiralförmig (wie Handhobelspäne) über einen 3–4 cm dicken, konischen Holzstab. Dann werden die Oblatenspäne abgenommen, auf ein gebuttertes und bemehltes Blech gelegt und in der Röhre bei 50° 1 Std. getrocknet.

Keil

Schmalzgebackenes

2 alte Semmeln, 1–1½ Tassen Weißwein, 2 EL Mehl, 1 EL Butterschmalz, 2 EL Zucker, gemischt mit 1 TL Zimt

Die in kleinfingerdicke Scheiben geschnittenen Semmeln werden in Weißwein getaucht, in Mehl gewendet und in der Pfanne in heißem Butterschmalz goldgelb gebacken. Sie werden noch heiß, mit dem Zucker-Zimt-Gemisch bestreut, serviert.

Gebackene Artischocken

Süßes Butterteiggebäck (Abb. S. 149)

350 g Mehl, 80 g Kartoffelmehl, 125 g Puderzucker, 150 g Butter, weich, 2 Eier, Abgeriebenes einer Zitrone, 1 Prise Salz, 1 Ei, etwas verquirltes Ei, Backfett
Füllung: 3 TL Johannisbeergelee, Puderzucker

Auf dem Backbrett werden die Zutaten zu einem festen Teig geknetet, der anschließend abgedeckt 2 Std. ruhen sollte. Danach rollt man ihn etwa 3 mm dick aus und sticht pro Artischocke 4 runde Plätzchen mit einem Durchmesser von 5–6 cm und eines mit einem Durch-

messer von 3–4 cm aus. Diese Plätzchen werden ringsum im Abstand von 15 mm etwa 7–10 mm tief eingeschnitten.
Dann setzt man jeweils 4 große und 1 kleines Plätzchen aufeinander, wobei man sie in der Mitte mit je einem Tropfen verquirlten Eiweiß zusammenklebt. In das oberste Plätzchen wird mit dem Finger eine Vertiefung gedrückt.
Ausgebacken werden die Artischocken heute am besten in der Friteuse, bis sie goldgelb sind. Zuletzt wird das Gebäck mit Puderzucker bestreut und mit dem Johannisbeergelee gefüllt.

Hohlhippen Düten

Mit Sahne gefüllte Waffeltüten

140 g Mehl, 5 g Vanillezucker, 100 g Zucker, 1 Prise Salz, 10 g Zimt, 2 Eier, 40 g Butter, 2 EL Rum, eventuell etwas Sahne, flüssige Butter zum Bepinseln des Hohlhippeneisens, gesüßte Schlagsahne zum Füllen

Aus den Zutaten rührt man einen flüssigen Teig (wie Flädleinteig) an, der dann 1 Std. ruhen sollte. Nun wird das Hohlhippeneisen erhitzt, mit flüssiger Butter bestrichen, 1 EL der Teigmasse eingegossen, schnell auseinandergestrichen, das Eisen langsam geschlossen, ins Feuer gegeben und einmal gewendet.
Ist die Hippe auf beiden Seiten gelb gebacken, wird sie entnommen und noch heiß über ein eistütenförmiges Holz gerollt, von dem man die Tüte nach dem Erkalten abstreift.
Sind alle Tüten gebacken und abgekühlt, werden sie mit gesüßter Sahne gefüllt gereicht.

Krewter Brot

Hefegebäck mit frischen Kräutern

500 g Weizenmehl, Type 550 oder 1050, vorgewärmt, 20 g Hefe, 1 TL Zucker, etwa 250 g warme Milch, 1 TL Salz, ½ TL weißer Pfeffer, 2 Eier, in warmem Wasser vorgewärmt, 40 g Butterflocken, 1 EL Schnittlauch, fein gehackt, 1 EL Petersilie, fein gehackt, 1 EL Kresse, fein gehackt, 1 EL Borretsch, fein gehackt, 1 EL Kerbel, fein gehackt, 20 g Butter für die Form

Zunächst löst man in einer knappen Tasse warmer Milch unter Zugabe des Zuckers die Hefe auf. Dann wird das vorgewärmte Mehl in eine angewärmte Schüssel gesiebt und in der Mitte eine Vertiefung geformt, in der man mit etwas Mehl und der aufgeweichten Hefe

den Vorteig anrührt, der dann, mit einem Tuch abgedeckt, an einem warmen Ort 20 Min. gehen sollte.
Anschließend werden alle übrigen Zutaten mit dem Mehl zu einem leichten Teig verarbeitet und kräftig aufgeschlagen. Danach läßt man ihn abgedeckt und warm gestellt nochmals 45 Min. gehen, ehe er in eine gebutterte Kastenform kommt und oben mehrfach schräg eingeschnitten wird. Dann läßt man ihn noch einmal 15 Min. ruhen. Nun bestreicht man das Brot mit Milch und gibt es zusammen mit einer Schale Wasser in die vorgeheizte Röhre. Dort wird es bei 190° etwa 30–40 Min. gebacken. Etwa 5 Min. vor dem Ende der Backzeit sollte das Brot nochmals mit Wasser bestrichen werden. Nach dem Backvorgang stürzt man es auf ein Gitter, damit es gleichmäßig auskühlt.
Das Kräuterbrot ist eine würzige Beigabe zu Suppen, Ragouts wie auch zu Buttermilch.

Das Brotbacken in Augsburg: Nach dem von Kaiser Friedrich Barbarossa 1156 erlassenen Augsburger Stadtrecht wurde ein Bäcker hart bestraft, wenn sein Brot nicht der Kaltwasserprobe standhielt, wonach das gebackene Brot im Wasser schwimmen mußte. Tat es dies nicht, hatte der Bäcker die Folter, eine hohe Geldstrafe und ein Backverbot zu erwarten. Die beanstandeten Brote wurden an die Armen verschenkt.

Lebzelten

Honiglebkuchen

380 g Mehl, Saft einer halben Zitrone, Abgeriebenes einer Zitrone, 125 g Mandeln, gerieben, 3 g Bittermandeln, gerieben, 7,5 g Pottasche, in wenig Wasser aufgelöst, 2 g Nelken, 1,5 g Kardamom, 190 g Honig, 250 g Zucker, Mehl zum Bestäuben von Brett und Rolle, Oblaten

Garnitur: geschälte, halbierte Mandeln

In einer Schüssel werden das Mehl, der Zitronensaft, die Mandeln und Bittermandeln, die Zitronenschale, Nelken, die aufgelöste Pottasche sowie Kardamom gut miteinander vermischt. Dann läßt man den Zucker mit dem Honig unter ständigem Rühren so lange aufkochen, bis sich der Zucker aufgelöst hat. Diese noch heiße Honig-Zucker-Masse sofort mit den übrigen Zutaten vermengen. Ist der Teig zu locker, kann noch etwas Mehl eingeknetet werden.
Noch gut warm, rollt man den Teig 3–4 mm dick aus. Davon werden die Lebkuchen ausgestochen, auf Oblaten gesetzt, mit Mandeln verziert, bei mäßiger Hitze gebacken und eventuell noch mit Zuckerguß überzogen.

Immennester

Gefüllte Hefeteigrollen

Hefeteig: 250 g Mehl, 20 g Hefe, ½ Tasse warme Milch, 1 kleine Prise Salz, 60 g Zucker, 2 Eigelb, 1 Eiweiß, 125 g Butter, zerlassen, Saft einer halben Zitrone
Füllung: 150 g Butter, flüssig, 100 g Mandeln, gehackt, 75 g Weinbeeren, 75 g Rosinen, 100 g Zucker, Abgeriebenes von zwei Zitronen, etwas Zimt, 60 g Butter fürs Backblech, 2 EL Puderzucker, 3–4 EL Rum

Aus den Teigzutaten bereitet man einen Hefeteig, schlägt ihn zwei- bis dreimal auf und läßt ihn dazwischen an einem warmen Ort gehen. Dann wird der Teig in messerrückendicke Fladen ausgerollt. Diese werden in 2 cm breite Streifen geschnitten und mit Butter bestrichen. Darauf gibt man die Zutaten der Füllung.
Nun werden die Streifen eingerollt, wie Hefeschnecken auf ein dick gebuttertes Backblech gesetzt und bei 175 ° gebacken. Nach dem Backen bestreicht man die Immennester mit einem Zuckerguß aus Puderzucker und Rum.

Ochsengurgeln

Gefüllte, blätterteigartige Rollen, ergibt 16 Stück (Abb. S. 149)

Rollen: 140 g Mehl, 10 ml Weißwein, 1 EL Kirschwasser, 1 EL Zucker, 1 TL Zitronenschale, gerieben, 1 Ei, 20 g Butter, flüssig, 1–2 TL warmes Wasser, 50 g Butter, weich, Mehl fürs Backbrett, etwas Eiweiß, Ausbackfett
Füllung: ⅛ l Schlagsahne, gesüßt, 2 TL Mandeln, gemahlen, 2 EL Kirschwasser

Garnitur: 1 EL Puderzucker, 1 gestrichener TL Zimt, 1 EL Weinbeeren, Zitronat

Aus Mehl, Wein, Kirschwasser, Zucker, Zitronenschale, Ei, Butter und eventuell etwas Wasser wird ein fester Teig bereitet und kleinfingerdick ausgerollt. Dann werden 50 g Butter in Mehl gewendet, in den Teigfladen eingeschlagen und dieser sechsmal hintereinander 3–4 mm dick ausgerollt, wobei jedes Mal der Teig mehrfach übereinandergeklappt wird. Zuletzt rollt man den Teig messerrückendick aus, schneidet ihn in etwa 7×7 cm große Quadrate, wickelt je eines um ein konisches, etwa 2,5 cm dickes Holz, klebt die überlappenden Teigenden mit Eiweiß zusammen und bäckt die Rollen in heißem Fett (heute: Friteuse), bis sie außen hellgelb sind.
Ist es soweit, kann das Holz herausgezogen werden und die Rolle innen backen, bis sie auf allen Seiten eine goldgelbe Farbe hat. Auf einem Küchentuch läßt man sie erkalten.

Für die Füllung wird die Schlagsahne mit den gemahlenen Mandeln und dem Kirschwasser vermengt. Man spritzt sie in und vor das Gebäck und bestreut das Ganze vor dem Servieren mit dem Zimt-Zucker-Gemisch, dem Zitronat und den Weinbeeren. Man kann die Ochsengurgeln auch mit karamelisierten Mandelblättern bestreuen.

Lukulus

Schokoladen-Kokoskuchen

3 Eier, 275 g Zucker, 100 g Kakao, 3 TL Vanillezucker, 300 g Kokosfett, 1 Paket Kekse, 1 Tasse starker Kaffee

Die Eier werden mit dem Zucker, Vanillezucker und Kakao glattgerührt. Dann gibt man das im Wasserbad verflüssigte Kokosfett dazu und hält die Krem warm. Nun wird eine Kastenform mit Pergament – oder heute mit Alufolie – ausgelegt. In diese streicht man ⅓ der Krem und deckt sie mit Keksen ab, die gut mit Kaffee beträufelt werden, bevor man sie mit dem zweiten Drittel der Masse überzieht.
Hierauf kommt wiederum eine Lage Kekse, die mit dem Rest der Krem bedeckt werden. Dann stellt man den Lukulus einen Tag kühl. Zuletzt wird er gestürzt, mit Kirschen, Zitronenscheiben oder Kugeln aus der Kokoskrem, die in Mandelblättern gewälzt wurden, garniert und in Scheiben geschnitten serviert.

Mandelwürstchen

Mandelgebäck

210 g Mehl, 140 g Butter, 140 g Zucker, 130 g süße Mandeln, gemahlen, 5 g bittere Mandeln, gemahlen, 2 kleine Eier, 2 Eigelb, 1 Prise Salz, 20 g Butter für das Backblech, 2 EL Aprikosengelee, 2 EL Puderzucker

Das Mehl wird mit Butter, Zucker, Mandeln, Eiern und einer Prise Salz zu einem festen Teig geknetet, aus dem kleinfingerdicke Würstchen geformt werden, die man auf ein mit Butter bestrichenes Backblech setzt, mit Eigelb bestreicht und in der auf 160° vorgeheizten Röhre langsam bäckt.
Dann verrührt man das Aprikosengelee mit Puderzucker, damit werden die ausgebackenen, noch warmen Würstchen bestrichen. Diesen Überzug sollte man im etwas abgekühlten Ofen trocknen lassen.

Pfaffenhütlein von Mandeln

ergibt 10 Stück

Mürbteig: 80 g Weizenmehl, 40 g Butter, 1½ TL Zucker, 1 kleines Ei
Füllung: 25 g geschälte Mandeln, gerieben, 25 g Stoßzucker (feiner Zucker), 10 g Rosenwasser, 1½ TL Rumrosinen, etwas Eiweiß, 20 g Zucker

Garnitur: Puderzucker

Zunächst wird aus den Zutaten der Mürbteig geknetet, der 1 Std. ruhen sollte. Dann rollt man ihn 2 mm dick aus. Davon werden mit einer etwa 8 cm großen, runden Form 10 Scheiben ausgestochen, in deren Mitte man die Füllung gibt.
Zur Herstellung der Füllung werden die angegebenen Zutaten vermengt. Dann werden die Teigränder mit Eiweiß bestrichen, auf drei Seiten über die Füllung hochgezogen und oben fest zusammengepreßt. Zuletzt setzt man die Hütchen auf ein gebuttertes Blech, bäckt sie bei 170° etwa 8–10 Min. goldgelb und serviert sie noch warm und mit Puderzucker bestreut.

Seelenbrezeln

Feine Hefeteig-Brezeln

250 g Weizenmehl, Type 550 oder 1050, 1 Prise Salz, 30 g Zucker, 25 g Hefe, etwa 70 ml Milch, 50 g Butter, flüssig, 1 ganzes Ei, Schale einer Zitrone, geraspelt, 50 g Weinbeeren, 1 TL Backfett, 1 Eigelb, 4 EL grober Hagelzucker

Das angewärmte Mehl siebt man in die vorgewärmte Teigschüssel, in deren Mitte man eine Vertiefung drückt. Dann wird die Hefe mit einer Prise Zucker in warmer Milch gelöst und danach mit ein wenig Mehl in der Vertiefung zu einem Vorteig verrührt. Dieses sogenannte Dämpfel sollte abgedeckt und warm gestellt 20 Min. aufgehen. Anschließend werden alle übrigen Zutaten zugegeben und das Ganze zu einem leichten, gut formbaren Teig aufgeschlagen.
Dann läßt man ihn, wiederum abgedeckt und warm gestellt, 1 Std. gehen. Dieses Zusammenschlagen und Aufgehen sollte noch zweimal wiederholt werden, dadurch wird der Teig schön locker. Dann wird der Teig ausgerollt und zu Brezeln geformt, die man auf ein gefettetes Backblech setzt, mit Eigelb bestreicht und mit Hagelzucker bestreut. Gebacken werden die Brezeln etwa 25–30 Minuten in der auf 170° vorgeheizten Röhre.

Seelenbreze: Mönche hatten in frühchristlicher Zeit in frommer Phantasie ein Ge hängenden Ärmchen („bracchia", Ärmchen) geschaffen und dieses Gebildbrot d als Zeichen gottergebener Haltung mitgegeben. Eine spätere, illustrierte Handsch Codex Vaticanus 3867 aus dem 5. Jahrhundert, zeigt eine Mahlzeit des Äneas und a mit Fisch und 3 Gebildbroten, wovon das mittlere der aus dem „hortus delicarum" ten Brezelform entspricht. Das verschlungene Mittelteil fehlte aber noch.
Entlang des Wertachgebiets und so auch in Augsburg wurden viel später noch sol lenbrezeln für die Toten an den Grabkreuzen aufgehängt. So war die Brezel auch beszeichen. In Erinnerung an diesen Brauch und als Ausdruck liebender Zuneigun in der Folgezeit die Seelenbrezel an Allerseelen vom Dodle den Patenkindern und Großmutter den Enkelkindern geschenkt.

Turtelet von Öpfeln

Apfeltörtchen

Weinteig: 3 EL Süßrahm, 4 EL trockenen Weißwein, 2 EL Rum, 3 Eigelb, 125 g Z Mehl, um einen knetbaren Teig zu erhalten, Butter, weich, ⅔ der Mehlmenge, 1– gescheibte säuerliche Äpfel, in Zitronensaft getaucht, 2 EL Rosinen, Butter

Garnitur: Zimt und Zucker, gemischt

Zunächst vermengt man die Zutaten zu einem Weinteig und arbeitet dann die Butte Der Teig darf nicht allzu fest sein. Anschließend sollte er 2 Std. abgedeckt ruhen. Di felscheiben und die Rosinen werden unter den Teig geknetet, von dem man dann Häufchen absticht, diese auf ein gebuttertes Backblech setzt, ausbäckt und schließlich lauwarm mit Zimt und Zucker bestreut und serviert.

Veichelzucker

Veilchenzucker zur Parfümierung von Kuchenkrem

125 g abgezupfte Veilchenblätter, 250 g Stoßzucker

Die Veilchenblätter werden zusammen mit dem Zucker fein zerstoßen, in ein Glas gege und zum langsamen Trocknen an die Sonne gestellt. Während der Trockenzeit gelegent umrühren.

Polsterzipfel

Gefülltes Butterteig-Schmalzgebäck

100 g Mehl, 100 g Butter, 1 Ei, 1 Eigelb, 2 EL saure Sahne, 1½ EL Zucker, 1 Prise Salz, Zitronenmarmelade, 1 Eiweiß, Ausbackfett

Garnitur: 1½ EL Puderzucker

Das Mehl wird mit der Butter, dem Ei, Eigelb, Zucker, Salz und der Sahne zu einem festen Teig geknetet, den man auf bemehltem Brett messerrückendick ausrollt. Daraus werden 6×6 cm große Quadrate geschnitten, in deren Mitte kommt ein halber Teelöffel Zitronenmarmelade. Dann bepinselt man die Teigränder mit Eiweiß und klappt sie zu Dreiecken zusammen. Sie werden in heißem Schmalz (heute: in der Friteuse) goldgelb gebacken, mit Puderzucker bestreut und heiß serviert.

Süße Speckzelten

Säuerliches Teegebäck

Blätterteig, heute 2 Scheiben aus der Tiefkühltruhe, 20 g Butter, etwas Eigelb, 1 EL weiches Zitronat, klein gewürfelt, Fruchtfleisch einer Zitrone, klein gewürfelt, abgetropft, 1 EL Zucker
Baisermasse: 1 Eiweiß, 40 g Puderzucker

Die aufgetauten Blätterteigscheiben werden auf 1½–2 mm Dicke ausgerollt. Aus diesem Teig sticht man runde Plätzchen aus, setzt sie auf ein gebuttertes Backblech und garniert sie mit dem Zitronat, den Zitronenwürfeln und dem Zucker. Dann werden sie in der auf 180 ° vorgeheizten Röhre 8 Min. vorgebacken.
In der Zwischenzeit schlägt man das Eiweiß mit dem Puderzucker schaumig, bis die Baisermasse Spitzen zieht. Diese spritzt man auf die halbgebackenen Zelten und bäckt sie bei 140 ° weiter, bis die Spitzen bräunen und die Oberfläche nicht mehr klebrig ist. Sie werden warm gereicht.

Zucker: Zwischen 300 und 600 n. Chr. wurde in Indien erstmals der Saft des Zuckerrohres durch Einkochen eingedickt und verfestigt. Die Perser griffen diese Methode zum Verfestigen des Rohrzuckersaftes auf und füllten ihn zum Erstarren in spitze Tüten, die sie aus Palmblättern drehten. Der bei uns noch heute im Handel erhältliche Zuckerhut ist darauf zurückzuführen. Mit der aufkommenden Schiffahrt gelangte sehr viel Rohrzucker nach Augsburg. Um diesen Zucker raffinieren zu können, wurde 1573 in Augsburg die erste Zuk-

kersiederei der Welt erbaut. Von dieser Zeit an wurde der Honig als Süßmittel vom Zucker verdrängt.
Als dann 1747 der Apotheker und Chemiker Andreas Sigismund Marggraf in der Runkelrübe einen hohen Zuckergehalt feststellte und sein Schüler Achard daraufhin 1797 die Zuckerrübenindustrie ins Leben rief, wurde der teure Rohrzucker dann bald von dem weit billigeren Rübenzucker verdrängt.

Zibeben-Spiesze

Gebackene Sultaninenspieße

Ausbackteig: 1 Eiweiß, 1 Prise Salz, 1 Eigelb, 1 TL Zucker, 2 TL Mehl, 1 EL Milch, etwa 64 große Sultaninen (heute verwendet man am besten Rumrosinen), 8 Zahnstocher, Ausbackfett

Garnitur: 1 TL Puderzucker

Das Eiweiß wird mit einer Prise Salz steif geschlagen. Dann rührt man mit dem Eigelb, Zucker, Mehl und Milch einen festen Ausbackteig an, dem der Eischnee untergehoben wird. Nun werden auf jeden Zahnstocher 8 Sultaninen gespießt, durch den Ausbackteig gezogen, in heißem Fett (heute: in der Friteuse) goldgelb gebacken, mit Puderzucker bestreut und serviert.
Man kann auch nach dem Fritieren die Zahnstocher vorsichtig herausziehen, das Gebäck nochmals durch einen etwas flüssigeren Ausbackteig ziehen, ein zweites Mal fritieren und dann erst mit Puderzucker bestreuen und servieren.

Getränke

Bischof

Heißer Punsch

2 Orangen, 1 l Burgunder Rotwein, oder anderer, 1 Tasse Wasser, 280 g Zucker oder nach Belieben, 2 Zimtstangen, 10 Nelken, 1 Tasse Rum

Die Orangen werden auf dem Rost etwas angebraten und dann mit dem Burgunder, Wasser und Zucker sowie den Zimtstangen und Nelken aufgegossen und weitere 5 Min. gekocht. Nun nimmt man die Früchte heraus und preßt den Saft in den Wein. Dann wird durch ein Linnen passiert, der Rum zugegeben und in Punschgläsern serviert.

Dreifuß

Heißes Eiergetränk

½ l Rotwein, 1 Zimtstange, 10 Nelken, 8 Eigelb, 280 g Zucker, Saft einer Orange, 8 Eiweiß, 1 kleine Prise Salz

Der Rotwein wird mit der Zimtstange und den Nelken 5 Min. aufgekocht, abgeseiht und auf dem Herd heiß gehalten. Nun schlägt man das Eigelb mit dem Zucker 15 Min. schaumig, wobei man langsam den Orangensaft hinzufügt. Das Eiweiß wird mit dem Salz 10 Min. steif geschlagen und der Eigelbmasse untergehoben. Zuletzt rührt man den sehr heißen, aber nicht kochenden Wein ein. Der Dreifuß kommt in Tassen heiß auf den Tisch. Dazu schmecken Pfaffenhütlein, s. S. 184.

Heißes Bier

Bier, mit Eigelb-Sahne aufgeschlagen

2 Eigelb, 1 Tasse Sahne, 100 g Zucker oder nach Belieben, ½ l Weißbier, ½ Stange Zimt, Schale einer Zitrone, etwas Zitronensaft

Das Eigelb wird in einem Topf mit dem Zucker und der Sahne gut verrührt. Dann wird das Bier, der Zimt und die Zitronenschale hinzugegeben und das Ganze unter ständigem Rühren mit dem Schneebesen erhitzt, aber nicht gekocht. Zuletzt wird die Flüssigkeit durchpassiert und in vorgewärmten Gläsern heiß serviert.

Holdersalse

Holundersirup

6 l abgezupfte, vollreife Holunderbeeren, 1 kg Zucker oder nach Belieben

Die gewaschenen Beeren läßt man in einem glasierten Kochgeschirr bei mittlerer Hitze abgedeckt so lange kochen, bis sie den Fruchtsaft freigeben. Dieser wird dann durch ein Haarsieb abgeseiht. Das nun verbleibende Fruchtfleisch wird entfernt.
Nun kommt der aufgefangene Fruchtsaft mit dem Zucker wieder in das glasierte Kochgeschirr. Der gesüßte Saft sollte unabgedeckt langsam, mindestens ½ Stunde, zu einem dickflüssigen Sirup einkochen, den man in Gläser abfüllt und nach dem Erkalten mit Pergamentpapier abdeckt und verschließt.
Diese Salse wurde früher mit etwas Wasser verdünnt und als heilsames Getränk den Kranken serviert. Sie schmeckt aber auch unverdünnt vorzüglich zu Wild, gekochtem Geflügel, Reis oder auf Speiseeis.

Kaiser Thee

Süßes Eiergetränk

4 Tassen Wasser, 50 g Kandiszucker oder nach Belieben, 3 Eigelb

Man läßt das Wasser mit dem Kandiszucker so lange kochen, bis sich der Zucker ganz gelöst hat. In der Zwischenzeit wird das Eigelb mit ein paar Tropfen Wasser schaumig geschlagen. In diese Masse wird dann nach und nach das sehr heiße, aber nicht mehr kochende Zuckerwasser hineingerührt.
Der Kaisertee ist heiß zu servieren.

Lutter-Trank

Empfangstrunk

1 l trockener Riesling, 7 g Zimt, 1 TL frischer Ingwer, gerieben, 100 g Zucker

Die Zutaten werden zusammen aufgekocht, dann wird der Sud 8 Std. kalt gestellt und vor dem Servieren durchpassiert. Der Lutter-Trank schmeckt gut gekühlt am besten.

Mandelmilch

1 l Milch, 8 bittere Mandeln, heute dürfen es auch weniger sein, 1 Zimtstange, Schale einer halben Zitrone, 100 g Zucker, 6 Eigelb, 4 EL kalte Milch

Garnitur: 1 TL Zimt

Die Mandeln werden geschält, feinst gerieben und mit der Zimtstange, Zitronenschale und dem Zucker unter stetem Rühren in der Milch 5 Min. aufgekocht. In der Zwischenzeit verrührt man das Eigelb mit der kalten Milch. Nun wird die Mandelmilch abgeseiht und sehr heiß, aber nicht kochend, langsam in die Eimasse eingerührt, so daß sie eine dickliche Konsistenz erhält. Vor dem Servieren wird die heiße Mandelmilch mit Zimt bestreut.

Holdersekt

(Abb. S. 152)

6 l Wasser, 1/8 l Weißweinessig, 1 Pfd. Zucker, 7 große Holunderblütendolden, 1 Zitrone, gescheibt

Die Zutaten kommen in ein Steingutgefäß und werden gut verrührt. So läßt man den Ansatz abgedeckt in der Küche etwa 3 Tage stehen, wobei täglich mehrfach umgerührt wird. Nach dieser Zeit wird der Holdersekt abgeseiht und kühl getrunken oder in Sektflaschen abgefüllt und gut verpfropft. Die Flaschen bleiben noch so lange in der Küche, bis beim Anklopfen Perlen hochsteigen. Danach lagert man die Flaschen kühl.

Mulsum

Römischer Aperitif

1 l herber Weißwein, 2 EL flüssiger Honig

Die beiden Zutaten werden mit dem Schneebesen gut verrührt und möglichst kalt serviert. Dieses Getränk reichten die Römer zu den Hors-d'œuvres.

Römische Anekdote: Als Kaiser Augustus den Römer Pollio Romilius fragte, wie es ihm gelungen sei, 100 Jahre alt zu werden, gab dieser zur Antwort: „Durch Mulsum für das Innere und Öl für das Äußere."

Pomeranzenpunsch

Eierschaum mit Orangengeschmack

2 Eigelb, 2 EL Zucker, 2 Eiweiß, 3 EL Sahne, Saft von zwei Orangen

Das Eigelb wird mit dem Zucker schaumig gerührt. Dann schlägt man das Eiweiß 5 Min. steif und unterhebt es mit der Sahne und dem Orangensaft der Eigelbmasse.
Diesen Punsch serviert man kalt, in hohen Gläsern.

Pomeranzenwein

Eine Art Orangenbowle

¾ l Weißwein, Saft von vier Orangen, Schale von vier Orangen (ohne weiße Fruchthaut), 1 Zimtstange, 1 Tasse Zucker, 1 Flasche Sekt

Der Weißwein wird mit dem Orangensaft, Zucker, den Orangenschalen und der Zimtstange 8–10 Std. kalt angesetzt und dann abgeseiht.
Vor dem Servieren gießt man den eisgekühlten Sekt hinzu.

Weichseln-Ratasia

Gewürzter Fruchtschnaps

1 kg Weichseln, entstielt, 1 l Kirschwasser, 750 g Zucker, 17 g Zimt, 12 Nelken, gestoßen, 8–10 gestoßene Bittermandeln oder nach Belieben

Die gewaschenen, gut abgetropften Weichseln werden mit den Kernen zerquetscht, dann mit dem Kirschwasser in ein 3-l-Glas gegeben, so daß die Früchte vom Kirschwasser bedeckt sind. Das Glas wird mit einem Linnen abgedeckt und 6 Wochen stehengelassen.
Nach dieser Zeit preßt man die Masse durch ein feines Sieb und gibt sie mit dem Zucker, Zimt, den Nelken und Bittermandeln zurück in das Glas und verschließt es wiederum mit dem Linnen. So sollte der Ansatz nochmals 3 Wochen stehen. Dazwischen wird das Glas immer wieder geschüttelt, damit der Schnaps gleichmäßig durchzieht.
Danach filtert man die Ratasia (durch den Kaffeefilter) und füllt sie in wiederverschließbare Flaschen. Besonders gut schmeckt ein kleiner Schluck Ratasia nach dem Essen.

Rosensafft

Rosenwasser, auch „Lupp“ genannt

6 Handvoll weiße Rosenblätter, 2 Tassen Wasser, 1 EL Zucker

Die Zutaten läßt man unter Rühren auf die Hälfte der Flüssigkeit einkochen und abgedeckt über Nacht ziehen. Dann wird das Rosenwasser abgeseiht und abgedeckt aufbewahrt, um es verdünnt zu trinken oder zur Speisenparfümierung zu verwenden.
Man war damals der Meinung: „Solcher Lupp ist gut für krancken Leiten!“

Waldmeisterbowle

¾ l nicht zu trockener Weißwein, 70 g Zucker oder nach Belieben, 1 Bündel Waldmeister, 1 Flasche Sekt, extra dry

Der Weißwein wird mit dem Zucker verrührt und kühl gestellt. Dabei wird das Waldmeistersträußchen ½ Std. kopfüber in den Wein gehängt, so daß die Stiele nicht mit der Flüssigkeit in Berührung kommen. Nach dieser Zeit entfernt man das Waldmeistersträußchen und gießt die Bowle mit eisgekühltem Sekt auf.
Beim Ansetzen der Bowle können zusätzlich ein paar Blättchen von Walderdbeeren und schwarzen Johannisbeeren dazugegeben werden.

Reformierter Thee

Milchgetränk

1 l Milch, 2 EL Tee, 2 Zimtstangen, 2 EL Zucker oder nach Belieben, 8 Eigelb, 6 EL kalte Milch

Zunächst läßt man die Milch mit dem Tee, den Zimtstangen und dem Zucker unter Rühren kurz aufkochen und 8 Min. ziehen. Dann wird die Milch durch ein Linnen (heute: Kaffeefilter) abgeseiht. Danach verquirlt man das Eigelb mit 6 EL kalter Milch und rührt es mit dem Schneebesen durch ein Sieb in die heiße, aber nicht kochende Milch, bis die Teemilch schäumt.
Der reformierte Tee wird sofort serviert.

Tee: Der schon 2700 v. Chr. im Buch „Pen-Tsao“ erwähnte Tee wurde 1610 von den Holländern nach Europa gebracht. Mitte des 17. Jahrhunderts führten ihn die Augsburger Apotheken unter der Bezeichnung „Herba Chak“. Zu Beginn des 20. Jahrhunderts wurde er unter den Wohlhabenden populär. Erst später entwickelte sich Tee zum Volksgetränk.

Whist

Heißes, alkoholisches Getränk

5 g Tee, 1/8 l kochendes Wasser, 125 g Zucker, Saft von zwei Zitronen, 1 Flasche (3/4 l) Médoc (Wein)

Der Tee wird mit dem kochenden Wasser aufgebrüht und nach etwa 5 Min. abgeseiht. Darauf fügt man den Zucker, den Zitronensaft und den Rotwein dazu und läßt die Flüssigkeit heiß werden, aber nicht kochen. Dann wird der Whist sofort serviert.

Zimmtmillich

Zimtmilch

1/4 l Sahne, 3/4 l Milch, 150 g Zucker, 3 Zimtstangen

Die Milch wird mit Sahne, Zucker und Zimt verrührt und 1 Std. kalt gestellt. Vor dem Servieren sind die Zimtstangen zu entfernen. Dann rührt man die Zimtmilch nochmals kurz durch und serviert sie kalt.

Quellen- und Literaturverzeichnis

Johannes Jacobos Agricola, Schauplatz deß Allgemeinen Haushalten, Nördlingen 1677.
Marcus Gavius Apicius, Apicii celii de re coquinaria libri decem, Rom 14–37 n. Chr.
Augsburger Fleischerfachschule, Rezeptsammlung.
Michael Barczyk, Essen und Trinken im Barock, Jan Thorbecke Verlag, Sigmaringen, 1981.
Brauereimuseum, München am Jakobsplatz.
Ernst Burgstaller, Brauchtumsgebäck und Weihnachtsspeisen, Zentralstelle für Volkskundetails, Linz 1957.
Rainer Christlein, Die Alamannen, Konrad Theiss Verlag, Stuttgart/Aalen 1978.
Elenora Maria Rosalia, Freywillig aufgesprungener Granat-Apffel, bey Thomas Fritschen, Leipzig, 1709.
Dr. Elisabeth Emmerich, Augsburger Kochbuch, Brigg Verlag, Augsburg 1977.
Fischer, Schwäbisches Wörterbuch, Verlag der Laupp'schen Buchhandlung, Tübingen 1936.
Kurt Gayer, Die Alemannen Saga, Morstadt Verlag, Kehl/Straßbourg/Basel, 1986.
Christine Haller, Neues Augsburger Kochbuch, Schmid'sche Verlagsbuchhandlung, 1898.
Handschriftliche Aufzeichnungen von Augsburger Köchinnen, 18. u. 19. Jh.
Reinhard Hauschild, Das Buch vom Kochen und Essen, Seewald Verlag, Stuttgart-Degerloch 1975.
Herbert Heckkmann, Die Freud des Essens, Carl Hauser-Verlag, München 1979.
E. Hoffmann-Krayer und Hanns Bechtold-Stäubli, Band 1, Handwörterbuch des deutschen Aberglaubens, Walter de Gruyter u. Co., Berlin und Leipzig, 1927.
Elke Knittel, Der Frieder, der Graf und die Laugenbrezel, Hugo Matthaes Druckerei und Verlag GmbH und Co., KG, 1986.
Aegidius Kolb, Leonhard Lidel, D' schwäbisch Kuche, Allgäuer Zeitungsverlag, Kempten 1973.
Harry Kühnel, Alltag im Spätmittelalter, Verlag Styria Graz/Wien/Köln, 1984.
Leonhard Lidel, Das Schwabenland und seine Küche, Exposé für die Küchenmeisterlehrgänge der IHK Augsburg zur Erlernung der schwäbischen Küche, 1987.
Leonhard Lidel, So kochten und aßen die Römer, Beitrag zur 2000-Jahr-Feier der Stadt Augsburg, in: Augsburger Allgemeine vom 25. 4. 85.
Leonhard Lidel, Von der römischen zur schwäbischen Küche, Beitrag zur 2000-Jahr-Feier der Stadt Augsburg, in: Augsburger Allgemeine vom 25. 4. 85.
Leonhard Lidel, Wunderland Küche, Dr. Josef Lechner Verlag, Aindling 1983.
Paul Jacob Marpergers, Küch- und Keller-Dictionarium, Heimeran Verlag, 1716.
Wilfried Menghin, Kelten, Römer und Germanen, Prestel Verlag, München 1980.
Katharina Prato, Süddeutsche Küche, Verlagsbuchhandlung Styria, Graz 1904.

Christine Charlotte Riedl, Lindauer Kochbuch, Johann Thomas Stettner Verlag, Lindau 1881.
Dr. Bernd Roeck, Bäcker, Brot und Getreide in Augsburg, Thorbecke Verlag, Sigmaringen, 1987.
Römerfunde in Augsburg.
M. Marxen Rumpolt, Ein new Kochbuch, Olms Presse, Hildesheim, 1581/1977.
Siegfried Ruoß, Flädla, Knöpfla, Bubaspitzla Anno 1890, Ruoß Verlag, Ulm, 1986.
Odilo Schreger, Der Vorsichtige und ... wohlerfahrende Speisemeister, bey Matthäus Riegers sel. Söhnen, 1778.
Balthasar Staindl, Küchenmaysterey, Augsburg, 1544.
Anna Maria Stainer, Das Kochbuch der Anna Maria Stainer, Verlag Carl Ueberreuter, Wien/Heidelberg 1789/1978.
Maria Stenglerin, Augsburger Kochbuch, Kgl. Bayer. Hofdruckerei, Gebr. Reichel, 1554.
Johann Stocker, Doctor der Arrzney zu Ulm, Ain grundtlichs wahrhaftigs Regiment ..., gedruckt zu Augspurg durch Philipp Olhart in Sant Katherinengassen, 1538.
Von einem alten Braumeister, Praktisches Lehrbuch der bayer'schen Bierbrauerei, Druck und Verlag der K. Kollmann'schen Buchhandlung, 1855.
Peter Wagner, Kuchenmaistrey, erstes gedrucktes deutsches Kochbuch, Augsburg um 1490.
J. Weck und Co., Alex Mathis, Koche auf Vorrat, R. Th. Hauser und Co., Frankfurt a. M. 1916.
Sophie Juliane Weiler, Augsburgerisches Kochbuch, J. Wolfischen Buchhandlung, 1810.
Alfred Weitnauer, Aus dem weißblauen Schwabenländle, Allgäuer Zeitungsverlag, Kempten, 1987.
Sabina Welserin, Das Kochbuch der Sabina Welserin, Carl Winter-Universitätsverlag, 1553.
Dorothea Werner, Wie Daheim gekocht, Alemannischer Küchenzettel, Verlag Rombach, Freiburg, 1985.
R. Wildhaber, Schneckenzucht und Schneckenspeise, Basel 1950.

Weitere Bücher des Autors:

D' schwäbisch Kuche (Kolb/Lidel)
Ein original schwäbisches Kochbuch mit vielen Rezepten echt schwäbischer Schmankerl, hübsch illustriert und gestaltet, ein Bestseller, der weit über Schwaben hinaus in der täglichen Küche verwendet wird.
Zu beziehen beim Allgäuer Zeitungsverlag, Kempten, oder über den Buchhandel.

Wunderland Küche
Dieses Buch enthält nur Rezepte ausgesuchter Köstlichkeiten der feinen Küche, auch für besondere Tage. Durch die exakte Rezeptbeschreibung ist die Zubereitung einfach und problemlos.
Ein Buch für alle, die gerne Gutes kochen und essen. Dieses Buch krönt Ihre Küche! Es fand schon enorm viele Freunde.
Zu beziehen beim Dr. Josef Lechner Verlag, 8901 Aindling, oder über den Buchhandel.

Tips und Tricks der Küche
Das Buch Tips und Tricks der Küche entstand aus einer Rundfunkreihe des Autors.
Es enthält sehr viele Ideen, bekannte Speisen zu verbessern, und Hinweise, wie man Küchenpannen verhindern oder bereits Mißlungenes noch retten kann. Darüber hinaus gibt es wichtige Tips für den richtigen Einkauf.
Weiterhin enthält es Beispiele und Empfehlungen aus der Küchenpraxis, z. B. wie mehrgängige Menüs zur Vermeidung von Streßsituationen in Ruhe vorbereitet werden können.
Ein nützliches Buch für jede Küche!
Zu beziehen beim Gondrom Verlag, 8589 Bindlach, oder über die Gondrom-Filialen.